Christiane Krieg

Quantenfeld Harmonie
für Tiere

Mit sanften Berührungen dein Haustier energetisch unterstützen

Die Ratschläge in diesem Buch sind sorgfältig erwogen und geprüft. Sie bieten jedoch keinen Ersatz für kompetenten medizinischen Rat, sondern dienen der Begleitung und der Anregung der Selbstheilungskräfte. Alle Angaben in diesem Buch erfolgen daher ohne Gewährleistung oder Garantie seitens der Autorin oder des Verlages. Eine Haftung der Autorin bzw. des Verlages und seiner Beauftragten für Personen-, Sach- und Vermögensschäden ist ausgeschlossen.

Dieses Buch enthält Verweise zu Webseiten, auf deren Inhalte der Verlag keinen Einfluss hat. Für diese Inhalte wird seitens des Verlages keine Gewähr übernommen. Für die Inhalte der verlinkten Seiten ist stets der jeweilige Anbieter oder Betreiber der Seiten verantwortlich.

ISBN Printausgabe 978-3-8434-1574-3
ISBN E-Book 978-3-8434-6557-1

Christiane Krieg:
Quantenfeldharmonie für Tiere
Mit sanften Berührungen
dein Haustier energetisch unterstützen
© 2025 Schirner Verlag GmbH & Co. KG
Birkenweg 14 a, 64295 Darmstadt
E-Mail: gpsr@schirner.com

Umschlag: Jennifer Maar & Anna Twele, Schirner, unter Verwendung von #2160027223 (© Arfa Affan), #1945141474 (© robin.ph), #313837652 (© babayuka), #2081887123 (© New Africa), #2454590013 (© alexei_tm), #2127192575 (© Duet PandG) und #87120133 (© wenani), www.shutterstock.com
Layout: Anna Twele, Schirner
Lektorat: Bastian Rittinghaus, Schirner
Druckproduktion: Ren Medien GmbH, Filderstadt
Printed in Czech Republic

www.schirner.com

1. Auflage April 2025

Alle Rechte der Verbreitung, auch durch Funk, Fernsehen und sonstige Kommunikationsmittel, fotomechanische oder vertonte Wiedergabe sowie des auszugsweisen Nachdrucks vorbehalten

Inhalt

Vorwort 8
Einleitung 10

Was ist Quantenfeldharmonie? 15

Zwei-Punkt-Methode –
Die Technik der Quantenfeldharmonie 19
    Deine Themen- und deine Lösungshand 20
    Das Ziel der Quantenfeldharmonie 23

Die drei Säulen der Quantenfeldharmonie 26
    1. Säule – Absicht, Affirmation, Annahme: Es ist bereits gelöst 26
    2. Säule – Synchronisierung 28
    3. Säule – Reines Bewusstsein, Gedankenleere und Loslassen 29

Praktische Hinweise 32
    Wie lange dauert die Anwendung? 32
    Wie oft darf die Quantenfeldharmonisierung angewendet werden? 33
    Bekommt man auch mediale Informationen? 34
    Was kann der Quantenfeldharmonie entgegenwirken? 35
    Ethikempfinden, Zustimmung und der passende Zeitpunkt 36

Dein Tier als Spiegel deiner selbst..38
Quantenfeldharmonie und andere Methoden kombinieren 39
Quantenfeldharmonie-Tagebuch 40
Entspannte Atmung...41
Nimm es leicht! 41

35 Anwendungen der Quantenfeldharmonie 43

Zwei-Punkt-Methode über die Handflächen 44
Harmonie und Entspannung 46
Der ruhige Atem 48
Der reine Bewusstseinszustand...50
Ja-/Nein-Übung..52
Herzraum-Übung 54
Chakraausgleich...56
Eine belastende Situation harmonisieren.. 60
Quantenfeldharmonisierung am Tier...62
Die Tier-Mensch-Bindung fördern 64
Allergien und chronische Krankheiten 66
Die Information von Mineralstoffen und Vitaminen 68
Seelenanteile deines Tieres wieder integrieren 70
Plätze harmonisieren und reinigen 72
Hinderliche Glaubenssätze positiv wandeln 74
Harmonie im Inkarnationsfeld 76
Energetischer Schutz für dein Tier...78
Wenn dein Tier trauert... 80
Ein neues Tier zieht ein..82
Hilfe beim Allein-bleiben-Können 84
Situationen im Voraus harmonisch ausrichten................................... 86
Quantenfeldharmonie über zwei gedachte Punkte............................. 88
Eine Narkose energetisch ausleiten 90
Narbenentstörung..92

Geistige Wirbelsäulenaufrichtung 94
Ruhe und Sicherheit zu Silvester und bei Gewitter............................. 96
Das Quantenfeld auf Fülle ausrichten 98
Harmonie im Mehrtierehaushalt.. 100
Heilung der Urangst bei Tieren 102
Trennung und Reinigung von Fremdenergien.................................. 104
Ein Tier wird vermisst.. 106
Begleitung an der Schwelle zum Übergang...................................... 108
Reise zur Schöpferkraft 110
Aufstellen mithilfe der Quantenfeldharmonie...................................112
Die Schatzkammer Gottes 116

Nachwort 118
Danksagung 120
Über die Autorin 121

Literatur 122
Bildnachweis.. 123

Vorwort

Sei von Herzen willkommen zu einer Entdeckungsreise in die Quantenfelder und zu all den Möglichkeiten, die sich damit für dich und dein Tier ergeben!

Mit den im Buch aufgeführten, leicht durchführbaren Übungen möchte ich dir zeigen, wie du in unterschiedlichsten Alltagssituationen deinem Tier schnell und einfach Hilfe zur Selbsthilfe zukommen lassen kannst. Und auch du selbst wirst dabei mehr Achtsamkeit und Entspannung erleben.

Ich habe mit dieser Methode erstaunliche Erfahrungen machen dürfen und möchte sie in meinem Alltag nicht mehr missen. Während der Harmonisierung der Quantenfelder verbindest du dich mit der Urmatrix, dem Plan der Schöpfung, und weckst über das Bewusstsein eine Erinnerung an den heilen Zustand und setzt damit einen Impuls zur Selbstheilung. Du öffnest ein Tor zu vollkommener Harmonie und Balance, aus denen Frieden, vollkommenes Sein und Gelassenheit erwachsen können – und Gesundheit.

Ich habe immer wieder erlebt, dass besonders Tiere offen und empfänglich für die Erinnerung an den heilen Urzustand und eine Ausrichtung der Matrixfelder sind. Sie können diesen Augenblick der Harmonisierung im Zustand reinen Seins genießen. Das liegt womöglich daran, dass ihnen weniger als uns Menschen der wertende und analysierende Verstand im Weg steht.

Durch eigene Praxis, aber auch die vielen positiven Rückmeldungen von Tierhaltern und -halterinnen sowie meinen Seminarteilnehmerinnen und -teilnehmern weiß ich, wie wertvoll die Quantenfeldharmonisierung sein kann und wie sie das Zusammenleben von Mensch und Tier bereichert. Dabei ist die Methode sanft und sowohl am Tier bzw. in seinem Energiefeld als auch aus der Ferne anwendbar.

Mittlerweile praktiziere ich die Quantenfeldharmonisierung über viele Jahre und habe sie für mich und meine Arbeit angepasst. Aus diesem Erfahrungsschatz kann ich dir zum einen die Grundtechnik der Synchronisierung zweier Punkte, die Abbildung des Ist- und des Sollzustands, und zum anderen themen- und situationsbezogene Anwendungen und Übungen nahebringen. Diese Informations- und Bewusstseinsmethode kann körperliche oder emotionale Blockaden wie auch Beziehungen harmonisieren.

Alles, was du dazu benötigst, hast du bei dir!

Einleitung

Seit ich denken kann, begleiten mich meine Hellfühligkeit und eine besondere Verbindung zur Natur und zu Tieren. Schon als Kind verbrachte ich am liebsten Zeit draußen: im Wald, auf Bäumen, unterwegs mit Patenhunden aus dem Tierheim oder im Reitstall. Ein Leben ohne Tiere ist für mich kaum vorstellbar. Auch heute teile ich mein Zuhause mit verschiedenen Haustierarten und fühle mich gleichermaßen mit den wild lebenden Tieren in meiner Umgebung verbunden.

Ich zog anfangs – wohl aufgrund meines eigenen Entwicklungs- und Lebenswegs – vor allem Tiere an, die auf körperlicher oder seelischer Ebene Hilfe benötigten. Besonders traumatisierte Tiere schienen meine Aufmerksamkeit magisch auf sich zu lenken. Die meisten meiner tierischen Begleiter stammen aus dem Tierschutz und brachten viel »Gepäck« mit. Mein Ziel war es immer, ihnen ein liebevolles und artgerechtes Zuhause zu geben, in dem sie von nun an glücklich sein konnten. Der Umgang mit ihnen, nahm ich mir vor, sollte von Verständnis, Vertrauen und Freundschaft geprägt sein. Deshalb tauchte ich tief in Themen wie artgerechte Haltung, Körpersprache, artspezifische Bedürfnisse und auch ganzheitliche Sichtweisen ein.

Eines Tages stand sogar ein Steinmarder mit verletzter Pfote vor meiner Haustür. Trotz einiger halbherziger Abwehrversuche ließ er sich bereitwillig in eine Decke wickeln und in eine Transportbox setzen, sodass ich ihn zur Wildtierauffangstation bringen konnte. Das ist nur eine von vielen ähnlichen Situationen. Es ist, als wüssten die Tiere, dass sie bei mir Hilfe finden.

Seit den 1980er- und 1990er-Jahren hat sich viel im Umgang mit unseren tierischen Begleitern verändert. Gewaltfreie Trainingsmethoden und ein tieferes Verständnis sind immer mehr in den Fokus gerückt. Begriffe wie »Pferdeflüsterer« oder »Tierkommunikation«, die damals noch neu und teilweise exotisch klangen, sind heute weit bekannter. Ebenso gewann die Quantenheilung – eine energetische Bewusstseinsmethodik – in Deutschland an Bedeutung.

Ich begann, mich intensiver mit diesen Themen auseinanderzusetzen, nachdem ich bereits einige grundlegende Fähigkeiten und Erkenntnisse gesammelt hatte. Was mich besonders reizte, war die Tierkommunikation. Ich bin überzeugt, dass jeder Mensch von Natur aus energetische und telepathische Fähigkeiten besitzt. Doch eine Methode zu erlernen, schult dieses Vermögen und bündelt die Kräfte auf eine Absicht. Der direkte Austausch mit Tieren über mediale und intuitive Kanäle eröffnete mir eine neue Welt. Ich lernte, ihre Weisheit wahrzunehmen, und stärkte gleichzeitig meine eigene Klarheit und mein Bauchgefühl. An diesem Punkt begann für mich der Weg, der heute meine Berufung ist: die Unterstützung von Tieren und ihren Menschen.

Durch den Gedanken- und Gefühlsaustausch mit Tieren konnte ich viele ihrer Ängste und Verhaltensweisen besser verstehen. Sie ermöglichten mir Einblicke in prägende Stationen ihres Lebens und zeigten mir die Ursprünge ihrer Unsicherheiten. Doch mir war es wichtig, über das bloße Verstehen hinauszugehen. Ich suchte nach Wegen, traumatische Erlebnisse in heilsame Erfahrungen zu verwandeln, sodass die Tiere wieder zu innerer Stärke und Balance finden konnten.

Natürlich sind ein stabiles Zuhause, klare Strukturen, gute Führung, Alltagssicherheit, Geduld und Körperarbeit essenziell. Doch ich spürte, dass noch eine Komponente fehlte – eine Methode, die die Seele berührt. Ich wollte den Tieren nicht nur Stabilität, sondern auch tiefere Heilung ermöglichen.

Neben meiner Arbeit mit der Tierkommunikation zog es mich tiefer in die Welt der Bewusstseins- und Energiearbeit. Ich begann, mich in schamanischen Praktiken, Seelenreisen und Techniken indiger Heilerinnen und Heiler fortzubilden. Dadurch erinnerte ich mich zunehmend an meine eigenen, intuitiven Fähigkeiten. Durch meine Ausbildung in Quantenheilung fand ich schließlich eine Methode, die ich auf einzigartige Weise in meine Arbeit integrieren konnte. Heute bezeichne ich die Methode, die ich anwende, als Quantenfeldharmonisierung.

Sie ist unglaublich vielseitig und hilft in allen möglichen Situationen – sei es, um Tieren Sicherheit und Ruhe zu geben (z. B. vor einem Tierarztbesuch), bei kleineren und größeren Verletzungen, zur Harmonisierung innerhalb eines Rudels, um ältere Tiere bei gesundheitlichen Beschwerden zu unterstützen oder als sanfte Sterbebegleitung. Selbst tiefer sitzende Blockaden im Unterbewusstsein können sich wandeln.

Diese Methode ist nicht auf Tiere begrenzt – sie hilft auch mir selbst und findet in meinem Alltag immer wieder Anwendung. Mit ihr habe ich ein Werkzeug, überall das höchste Wohl für alle Beteiligten anzustreben.

Jede und jeder hat einen eigenen Zugang zu einer Methode und verleiht ihr eine persönliche Note. Daher gibt es inzwischen bei der Quantenheilung viele unterschiedliche Strömungen und Ansätze. Was ich daran besonders schätze, ist, dass jeder Mensch seine individuellen Fähigkeiten, Erfahrungen und Energien in die Anwendung mit einbringen kann. So wird sie zu einer authentischen Praxis, die unserem einzigartigen Charakter und unserem Seelenweg entspricht.

Für mich ist die Quantenheilung keine starre Technik, sondern ein lebendiger Prozess. Jeder Weg, jedes Tier und jede Situation erfordern ein individuelles Einfühlen und Ausbalancieren. Genau das macht diese Arbeit für mich so wertvoll – sie entspricht der Einzigartigkeit jedes einzelnen Lebewesens und unterstützt es dabei, in Balance und Lebensfreude zu kommen.

Wenn wir uns Neugierde und Liebe zu dem, was wir tun, beibehalten, bleiben wir weiterhin offen, achtsam und wissbegierig. So können wir unseren Platz in der Welt am besten finden und für andere da sein, während wir uns kontinuierlich weiterentwickeln.

Mein Platz ist es, Menschen und ihre Haustiere an ihre innere Kraft zu erinnern. Ich schaffe den Raum dafür, unterstütze den Prozess und dolmetsche zwischen beiden. Im Laufe der Zeit habe ich spezielle Übungen entwickelt, die sich auf die Tierkommunikation und die Anliegen der Menschen, die zu mir kommen, konzentrieren. Dabei habe ich verschiedene Geistheilungsmethoden miteinander kombiniert oder neu kreiert.

Die Quantenfeldharmonisierung anzuwenden, bietet nicht nur deinem Tier, sondern auch dir selbst viele Vorteile:

- **Stärkung der Intuition:** Durch das Anwenden der Methoden kannst du lernen, stärker auf dein Bauchgefühl zu hören.
- **Geschärfte Wahrnehmung:** Deine Achtsamkeit und Hellwahrnehmung werden mit der Zeit geschult.
- **Innere Balance:** Jede Anwendung schenkt dir selbst ein Stück mehr Harmonie und Klarheit.
- **Größeres Selbstvertrauen:** Du erfährst dich als selbstwirksam.

Mit der Basisanwendung und weiteren Übungen bekommst du eine Vielzahl von Möglichkeiten an die Hand. Du kannst je nach Situation oder Anliegen entscheiden, welches Vorgehen für dich und dein Tier am besten geeignet ist. Jeder von uns hat eigene Vorlieben: Manche bevorzugen direkten Körperkontakt zum Tier, und dieses kann die heilsamen Berührungen als wohltuend empfinden. Vielleicht liegt dir auch die Fernanwendung mehr. Finde heraus, was zu deinem Wesen passt.

Die Fernübertragung bietet den Vorteil, dass damit auch Tiere ausbalanciert werden können, die sich (noch) nicht anfassen lassen möchten. Das können schreckhafte, nicht auf den Menschen sozialisierte oder besonders ängstliche oder aggressive Tiere sein. Ein weiteres Anwendungsgebiet sind vermisste Tiere.

Ich arbeite hauptsächlich mit zwei Punkten, die zwei Quantenfelder repräsentieren: den Istzustand und den Sollzustand. Diese stelle ich symbolisch über meine Handflächen dar. Es ist oft nicht erforderlich, direkt beim Tier zu sein – diese Methode ermöglicht auch die Arbeit aus der Distanz. Wenn ein Tier sehr zurückhaltend ist und sich schwer für ein »Gespräch« öffnen kann, nutze ich die energetische Verbindung zum Tier, um einen Raum der inneren Harmonie zu schaffen. Mit der richtigen Balance und dem Impuls zum Frieden öffnet sich der Zugang oft wie von selbst.

Die Quantenfeldharmonisierung ergänzt andere wichtige Ansätze und Wissensgebiete, auch medizinische Untersuchungen, auf sinnvolle Weise. Für meine eigenen Tiere habe ich jeweils wundervolle Tierärztinnen oder Tierärzte und weitere Spezialisten und Spezialistinnen, denn nichts ersetzt verantwortungsvolles Handeln und fundiertes Wissen. Dabei bleibt stets auch Raum für Intuition und Bauchgefühl.

Das Schöne an der Quantenfeldharmonisierung ist, dass sie leicht zu erlernen und einfach anzuwenden ist. Vorkenntnisse in energetischer Arbeit, Einweihungen oder teure Hilfsmittel sind dafür nicht erforderlich. Vielmehr liegt der Schlüssel darin, durch regelmäßige Praxis eigene Erfahrungen zu sammeln.

Ich wünsche dir viele berührende und friedvolle Momente mit deinem Tier. Möge unsere Arbeit einen Raum der Wunder eröffnen – im Einklang mit den Tieren, den Menschen, der Natur und der Welt!

Christiane Krieg

Was ist Quantenfeldharmonie?

Die Quantenfeldharmonisierung wirkt auf der Informationsebene in einem Energiefeld, das uns umgibt. Auch wenn die theoretischen Grundlagen zunächst komplex erscheinen, ist die Anwendung erstaunlich einfach, schnell und alltagstauglich. Mein Rat: Gehe den Weg des eigenen Erlebens, und probiere es aus – es lohnt sich!

Ich bin keine Physikerin und möchte hier keinen detaillierten quantenmechanischen Exkurs machen. Stattdessen gebe ich dir eine grundlegende Idee davon, welchen Ursprung diese alternative Methode hat und welche Gedankengänge dahinterstecken.

Das Wort »Quantum« stammt aus dem Lateinischen und bedeutet so viel wie »wie groß« oder »wie viel«. Benutzt wird es als Größenangabe im Bereich der kleinsten Teilchen der Materie. Die Partikel tauschen sich ständig miteinander aus und erzeugen dabei Energien, die messbar sind – selbst am absoluten Nullpunkt, wo nach dem klassischen Modell alles stillsteht.

Die Suche nach den Grundbausteinen der Welt ist keine neue Fragestellung. Schon die antiken Griechen beschäftigten sich damit, woraus die Materie im Kern besteht und wie diese Grundteilchen, Licht und Energie sich verhalten und ausbreiten. Gekoppelt sind diese Fragen immer mit der Suche nach der Schnittstelle von Materie, Energie, Bewusstsein und Seele.

Die Brücke von den Erkenntnissen der Experimente zur Quantenheilung ist eine überraschende Feststellung aus dem sogenannten Doppelspaltversuch: Durch die Beobachtung der Messung von Photonen verändert sich deren Verhalten. Man spricht vom »Beobachtereffekt«. Wird das Licht hinter zwei Öffnungen aufgefangen, dann zeigt es ein Interferenzmuster, verhält sich also wie Wellen. Misst man jedoch, durch welchen Spalt jedes Teilchen fällt, entstehen bloß zwei Lichtstreifen. Das Licht erscheint als Teilchen. Durch die Beobachtung kollabiert die Wahrscheinlichkeit, und die Welt der Quanten »erstarrt«. Es scheint, die Elemente würden miteinander kommunizieren und wissen, dass sie beobachtet werden.

Die Welt des Allerkleinsten ist völlig anders als unsere Alltagsrealität: Letztlich sind Materie und Energie nur verschiedene Erscheinungsformen von etwas, was wir als reine Information betrachten können. Das Universum stellt einen einzigen Organismus miteinander verbundener Energiefelder dar. Nichts existiert isoliert – alles kommuniziert.

Die essenzielle Idee der Quantenfeldharmonie ist, über gezielte Aufmerksamkeit eine positive Transformation in unserer Welt zu bewirken. Anders ausgedrückt: Bewusstsein schafft Realität. Diese Idee basiert auf der Vorstellung, dass wir durch Gedanken, emotionale Zustände und Handlungen ständig unser Umfeld beeinflussen und die Wirklichkeit gestalten. Wir senden jene durch den Raum, den Äther, wo sie als Informationen wechselwirken. Genauso können wir eben auch unseren Fokus, also die Absicht, einsetzen, um unser Bewusstsein auf den Lösungsansatz zu lenken oder eine Verbindung zum Ursprung herzustellen.

Die Methode arbeitet gezielt mit der Informationsebene, der Quantenebene des Körper-Geist-Seele-Systems. Indem man den Fokus auf bestimmte Energie- oder Informationsmuster legt und eine klare Intention setzt, werden Selbstheilungsprozesse angeregt. Der Körper und die Seele können durch diese neuen Informationen wieder in Harmonie und Balance finden.

Eine Schlüsseltechnik dabei ist die Erinnerung an den Ursprungszustand. Dieser wird durch Synchronisierung oder energetische »Verschränkung« zweier Felder geweckt.

Ein wichtiger Unterschied zu anderen energetischen Methoden liegt in der Fokussierung auf die Informationsebene. Es wird angenommen, dass alles, was existiert – auch unser Körper –, auf seine kleinste Einheit reduziert betrachtet aus Energie und Information besteht. Und wenn alles Energie und Information ist, kann es durch gezielte Bewusstseinslenkung beeinflusst und in den Zustand der Ganzheit zurückgeführt werden.

Obwohl der kausale Zusammenhang zwischen Quantenphysik und der energetischen Heilmethode wissenschaftlich vielleicht noch nicht abschließend geklärt ist, legen viele Erfahrungsberichte ihn nahe und weisen auf beeindruckende Ergebnisse hin. Seit Frank Kinslow die Quantenheilung Ende der 1980er-Jahre populär gemacht hat, haben sich immer mehr Menschen von den Möglichkeiten dieser Methode inspirieren lassen.

Alles ist mit allem verbunden, es existieren keine isolierten Systeme. Alles, was wir wahrnehmen, ist das Ergebnis eines Quantenfeldes, und Interaktionen – ob zwischen Menschen, Tieren oder Dingen – erfolgen über diese Quantenfelder. Unsere Gedanken, Gefühle und Überzeugungen haben energetische Wirkungen und beeinflussen unsere körperlichen und emotionalen Zustände über jede Entfernung hinweg. Man kann sich solch ein Quantenfeld wie ein schwingendes, pulsierendes Energienetz vorstellen, in dem durch unsere Intention – also unsere bewusste Ausrichtung – zwei Punkte so miteinander in Resonanz gebracht werden, dass eine Verbindung entsteht.

Fassen wir zusammen: Es gibt keine getrennten Systeme, alles entstammt einem Ursprung, der das Universum weiterhin durchdringt, darüber kann alles interagieren, wenn wir die Absicht darauf legen, unabhängig von der Distanz, weil es über ein Netz von Energie und Information verbunden ist. Das können wir uns in Form der Quantenfeldharmonisierung, der Tierkommunikation oder anderer medialer Arbeit zunutze machen.

Diese Vorstellung ist nicht neu und findet sich bereits in den spirituellen Traditionen des Schamanismus, im Glauben indigener Kulturen, in den vedischen und den buddhistischen Lehren. Für ihre Anhänger war es selbstverständlich, dass die gesamte Schöpfung beseelt ist, den göttlichen Funken enthält, und Menschen somit mit allem, was ist, kommunizieren können.

Womöglich ist es der göttliche Funke, der seit dem Anbeginn alles Existierende durchdringt und miteinander verbindet. Du kannst ihn Gott, Schöpfung, Urmatrix oder so nennen, wie du dich damit wohlfühlst.

Meine langjährige Erfahrung sowie die bestätigenden Rückmeldungen nach vielen Tausend Tier- und Seelengesprächen zeigen mir, dass übersinnliche Kommunikation zwischen jeglichen Lebewesen über jede Distanz funktioniert. Diese Verbindung kann ich mit meinem Anliegen, meinem Fokus steuern, ich kann die Erinnerung an das höchste Wohl, an den heilen Ursprungszustand, als Information in jedes Quantenfeld übermitteln. Dieser Zustand ist raum- und zeitlos. Er ist die Urinformation, aus der wir stammen, in die wir gehen werden und mit der wir uns jederzeit verbinden können.

Der britische Biologe Rupert Sheldrake hat mit seinen Arbeiten in den 1980er-Jahren das Konzept des »morphischen Feldes« entwickelt. Nach seiner Hypothese existiert ein energetisches, nicht-physisches Feld, das das Wachstum, die Struktur und das Verhalten von Organismen beeinflusst. Diese Felder speichern gewissermaßen kollektive Erinnerungen oder Muster, die Entwicklungen in der Natur anregen. Anders gesagt: Lebewesen sind nicht nur durch genetische Informationen geprägt, sondern auch durch ein unsichtbares, formbildendes Feld.

Ein Beispiel dafür wäre die Vorstellung, dass ähnliche Arten durch ihre vergangenen Erfahrungen miteinander verbunden sind. Dieses Feld enthält eine Art »Gedächtnis«, das beeinflusst, wie sich ein Organismus entwickelt. Sheldrakes Theorie wurde von der Wissenschaft kontrovers diskutiert und kritisiert, da bislang eindeutige Beweise für die morphischen Felder fehlen. Dennoch hat sein Ansatz in Esoterik, Biologie und Psychologie großes Interesse geweckt. Er bleibt eine spekulative Hypothese, ist aber eine alternative Perspektive auf die Natur und deren Entwicklung, die zu betrachten sich lohnt.

Zwei-Punkt-Methode –
Die Technik der Quantenfeldharmonie

Die Quantenfeldharmonisierung wird oft als Zwei-Punkt-Methode bezeichnet. Der Grund dafür ist, dass dabei zwei Punkte im umgebenden Quantenfeld genutzt werden: Einer repräsentiert den Istzustand, der andere den gewünschten Sollzustand. Beide Punkte werden durch die Fokussierung des Bewusstseins miteinander synchronisiert. Dies bildet die Grundlage für die Anwendung dieser Methode.

Da es keine getrennten Felder im Energiesystem gibt, können wir uns mit dem Ursprung, mit der Urmatrix, verbinden. Von dort geben wir dem Istzustand einen Anstoß, indem wir ihn an den heilen Schöpferzustand erinnern. Dasselbe geschieht, wenn wir den Istzustand mit einem von uns vorgegebenen Lösungsfeld synchronisieren.

Die Schöpfung schwingt im reinen Bewusstsein, was die höchste Frequenz im Universum ist. Deswegen können wir nichts falsch machen. Wir stellen nur eine Art Brücke zwischen beiden Feldern her und gleichen sie mit der höchsten Frequenz ab. Über unsere Absicht, eventuell verstärkt mit einer passenden Affirmation, werden sie in einem höheren Bewusstseinszustand mit der Information der Schöpfung zusammen- und in Übereinstimmung gebracht.

Die zwei Punkte können auf verschiedene Weisen genutzt werden:

- **Mit den Handflächen als Fernanwendung:** Eine Hand repräsentiert den Istzustand, die andere den Lösungszustand.
- **Direkt am Tier:** Eine Hand kann z. B. die schmerzende oder betroffene Stelle am Körper des Tieres berühren, während die andere Hand eine beschwerdefreie Körperstelle berührt.
- **Gedankliche Anwendung:** Für geübte Anwenderinnen und Anwender kann die Methode auch über zwei gedankliche Punkte bzw. Themenfelder durchgeführt werden (oft genutzt bei Fernanwendungen).
- **Energiefeld des Tieres:** Eine Hand oder ein Finger berührt sanft das Tier oder befindet sich knapp über dessen Körper (im Energiefeld), während die zweite Hand intuitiv eine »Lösungsstelle« im Raum sucht.
- **Synchronisierung mit Affirmationen:** Beide Hände werden gezielt auf themenbezogene Stellen am Tier aufgelegt, die mithilfe von Affirmationen ausbalanciert werden.

Deine Themen- und deine Lösungshand

Fühle jetzt einmal kurz in dich hinein, welche deiner Hände die Themenhand und welche die Lösungshand sein möchte. Diese Wahl kann sich zwar verändern, aber häufig finden wir schnell die passende Zuordnung: eine Hand, die mit dem Thema, z. B. einem Tier oder einer Blockade, verbunden wird, und eine Hand, die mit dem ursprünglichen, gesunden Zustand harmoniert.

Gehe dabei nicht mit dem Verstand vor, deine Intuition weiß sofort, welche Hand wofür steht.

Der Istzustand oder Themenpunkt

In der Zwei-Punkt-Methode arbeiten wir mit zwei Punkten simultan. Der erste Punkt steht für den Istzustand – dein Thema. Das kann eine Körperstelle sein, an der das Tier Schmerzen oder andere Beschwerden hat, ein hinderlicher Glaubenssatz oder eine emotionale Blockade, eine belastende Situation oder eine allgemeine Unausgeglichenheit, die harmonisiert werden soll. Du kannst dich auch innerlich auf den Anteil deines Tieres konzentrieren, der Unterstützung benötigt, etwa auf dessen »Inneres Kind«. Oder berühre dein Tier an der Stelle, die für dich intuitiv passend erscheint – oft zeigt das Tier selbst, wo Unterstützung benötigt wird. Du musst das Thema nicht in allen Details erfassen, wenn du es in die Hand gibst, um es zum höchsten Wohl auszurichten. Du kannst dir auch einfach dein Tier bildlich vorstellen. Die Energie fließt von allein dorthin, wo Heilung und Balance notwendig sind.

Es gibt also drei Möglichkeiten, die Themenhand mit dem Istzustand zu assoziieren:

- Stelle dir dein Tier bildlich darin vor.
- Berühre mit ihr den Körper deines Tieres bzw. die betroffene Körperstelle.
- Vergegenwärtige dir gedanklich das Problem oder die Situation, und schicke es bzw. sie in deine Hand.

Du wirst wahrscheinlich schon eine Veränderung in der Hand wahrnehmen, z. B. ein Gefühl der Schwere.

Der Sollzustand oder Lösungspunkt

Die andere Hand stellt die Verbindung zum reinen, ursprünglichen Zustand her. Dieser Punkt repräsentiert die höchste Schwingung von Liebe, Heilsein und reinem Bewusstsein und gibt einen Impuls zur Selbstheilung. Welche Vorgehensweise oder welches Bild du dazu benutzt, kannst du intuitiv entscheiden. Auch dies kann sich mit der Zeit ändern. Wichtig ist, dass du dich immer auf das höchste Wohl für alle Beteiligten ausrichtest. Wenn du in der Zwei-Punkt-Methode deine Handfläche mit dem Ursprung bzw. dem vollkommenen Sein verbinden willst, kannst du dir z. B. einen wunderschönen Lichtstrahl vorstellen, der nach oben strahlt und sich mit der Schöpfungsebene verbindet.

Dazu musst du nicht einmal wissen, was die Ursache einer Beschwerde ist, wo das Thema genau verortet ist oder wie weit der Ursprung zurückliegt. Entweder gibst du eine gewünschte Lösung vor, oder du verbindest dich mit der Urmatrix, um den Anstoß zur Selbstheilung oder Lösung zu geben.

Es gibt also drei Möglichkeiten, die Lösungshand mit dem Sollzustand zu assoziieren:

- Du siehst die von dir gewünschte Lösung, das Ziel, vor deinem inneren Auge und gibst dieses Bild in die Hand hinein.
- Du verbindest dich mit deiner Absicht und einer Affirmation mit der Schöpfungsebene, mit dem heilen Ursprung, und gibst dem System deines Tieres oder der Situation einen Anstoß, sich daran auszurichten.
- Du erspürst mit der Hand im Raum, in deinem Energiefeld oder dem deines Tieres einen Punkt, der für dich intuitiv in Verbindung mit der Lösung, der Urmatrix steht.

Es kann sein, dass sich die Lösung nur schrittweise zeigt und ein mehrmaliger Anstoß die Möglichkeit bietet, jedes Mal tiefer zu schauen. Das ist besonders bei Themen der Fall, die schon eine lange Zeit bestehen oder sogar aus Vorleben mitgebracht wurden.

Richten wir uns auf das höchste Wohl aus, dann überlassen wir es der Schöpfungsebene, die ideale Lösung zu finden, und halten den Raum für ihren

Impuls. Denn nicht immer können wir überblicken, was wirklich das Beste für alle Beteiligten ist.

Das Ziel der Quantenfeldharmonie

Unsere Haustiere können ebenso wie Menschen Blockaden im Energiefluss erfahren. Aufgrund eines traumatischen Ereignisses zieht sich die Lebensenergie zurück, was sich negativ auf ihre Gesundheit und geistige Stärke auswirkt. Die Methode der Quantenfeldharmonisierung hat das Ziel, diese Widerstände mittels gezielter Bewusstseinsarbeit aufzulösen und so die Selbstheilungskräfte zu aktivieren.

Zudem weckt der Impuls die Erinnerung an den ursprünglichen Zustand von Harmonie und Gesundheit. Dadurch kann die Methode auch bei physischen Beschwerden wie Allergien unterstützend wirken, indem sie einen Anstoß zur Ausrichtung und Reorganisation der Energieebenen gibt.

Die Quantenfeldharmonie entfaltet ihre Wirkung auf emotionaler, mentaler und physischer Ebene, indem sie die Verbindung zur ursprünglichen Matrix oder zu einem Zustand des vollkommenen Seins herstellt. Dies geschieht, indem die energetischen Informationsfelder miteinander abgeglichen und Disharmonien korrigiert werden.

Dazu gehst du, nachdem du eine Intention gesetzt hast, in den reinen Bewusstseinszustand. Die meisten empfinden dabei eine Wellenbewegung, die durch sie hindurchgeht und auch körperlich spürbar sein kann, wenn der Impuls erfolgt. Wenn sich diese Bewegungen zeigen, gehe achtsam mit ihnen mit. Damit du nicht stolperst oder fällst, solltest du für einen guten Stand sorgen oder in eine stabile Sitzposition gehen.

Hinweis: Einige Tiere mögen diese Wellenbewegung, die manchmal kaum, manchmal aber auch deutlich zu spüren ist, andere gar nicht. Achte darauf, und entscheide, ob du das Tier währenddessen berühren möchtest. Meiner Erfahrung nach sind Pferde und Hunde meist dafür offen, während Katzen eher verunsichert sind und eine Fernanwendung bevorzugen.

Da die Bewusstseinsebene nicht an die lineare Zeit gebunden ist, kann die Quantenfeldharmonisierung auch präventiv eingesetzt werden. Sie kann helfen, zukünftige Situationen und Herausforderungen positiv auszurichten und in Balance zu bringen.

Quantenfeldharmonie unterstützt dein Tier auf vielfältige Weise:

- Sie aktiviert die **Selbstheilungskräfte** bei mentalen, physischen oder emotionalen Beschwerden durch die Erinnerung an den ursprünglichen, heilen Zustand.
- Sie sorgt für tiefe **Entspannung** und baut Stress ab.
- Sie unterstützt die **Trauerbewältigung** bei Halter- und Ortswechsel oder Verlust eines Artgenossen.
- Sie fördert die **Lebensfreude** und das allgemeine Wohlbefinden.
- Sie löst **Blockaden,** sodass Harmonie im Energiehaushalt einzieht.
- Sie lässt uns den **Ursprung** von Themen erkennen und lösen. (Auch Tiere tragen hinderliche Glaubenssätze im Unterbewusstsein.)
- Sie sorgt bei ängstlichen Tieren für inneres **Gleichgewicht.**
- Sie ermöglicht es, schwierige Situationen wie das Verlorengehen eines Tieres, Tierarztbesuche und Transporte, Urlaubsbetreuungen, Stallwechsel und Umzüge oder den Einzug eines neuen Rudelmitglieds zum **höchsten Wohl** auszurichten.
- Sie kann Tierarztbehandlungen und Operationen **energetisch unterstützen.**

Auf dem Weg zum Tierarzt hilft die Quantenfeldharmonisierung oft nicht nur dem Tier, in einen entspannteren Zustand zu kommen und Stress abzubauen. Wenn du die Übungen nutzt, um selbst mehr Entspannung zu finden, unterstützt deine Ruhe aber wiederum auch dein Tier.

Ich habe mehrere Hunde mit epileptischen Anfällen mit der Quantenfeldharmonisierung unterstützen dürfen. Natürlich waren sie in tierärztlicher Behandlung und medikamentös eingestellt, geheilt werden konnten sie aber nicht. Eine Hündin sprach sehr gut darauf an. Nach mehrmaligen Quantenfeldharmonie-Anwendungen konnten wir die Impulse ans höchste Wohl ausschleichen lassen. Bis auf einen weiteren, leichten Anfall, der durch großen Stress hervorgerufen wurde, blieb sie bis zu ihrem Übergang im hohen Alter beschwerdefrei. Ein anderer Hund war nach einer tiefergehenden Arbeit an seinem Ahnenthema ebenfalls anfallsfrei und lebte mit spürbar mehr Lebensfreude. Ob nun die medizinische oder die energetische Behandlung den Ausschlag dafür gegeben hat, kann ich nicht mit Sicherheit sagen. Aber ich bin dankbar, dass ich die Möglichkeit hatte, die Tiere zu unterstützen.

In der Sterbebegleitung hat die Quantenfeldharmonie geholfen, die Tiere besser auf den Übergang vorzubereiten und die Halterinnen und Halter emotional zu stützen. Falls das Tier entscheidet, loszulassen, kann die Methode diesen Prozess sanft begleiten. Manchmal können auch noch einmal die Selbstheilungskräfte aktiviert werden, sollte das Tier sich für mehr Lebenszeit entscheiden.

Die drei Säulen der Quantenfeldharmonie

1. Säule – Absicht, Affirmation, Annahme: Es ist bereits gelöst

Der erste Schritt besteht darin, sich des aktuellen Zustands bewusst zu werden und klar zu formulieren, worum es geht. Das hilft, den Startpunkt im Matrix- oder Quantenfeld festzulegen. Dazu denkst du kurz an das Thema oder das Problem, das dich beschäftigt, und gibst es als **Istzustand** in deine Themenhand. Wenn du das Thema nicht genau benennen oder eingrenzen kannst, stellst du dir dein Tier im Ganzen bildlich vor und projizierst es in die Hand. Ausführlicher findest du den Vorgang ab S. 21 beschrieben.

Im nächsten Schritt visualisierst du den gewünschten **Sollzustand** und legst ihn in die andere, deine Lösungshand. Wenn dir die bildliche Vorstellung nicht so leichtfällt, kannst du auch kurz über die ideale Situation nachdenken und sie mit wenigen Worten benennen. Schicke diese dann in deine Hand. Hast du selbst keine genaue Lösung parat, kannst du es auch deinem höheren Selbst bzw. der Urmatrix überlassen, sie zu finden. Auch hierzu gibt es ab S. 22 eine detaillierte Anleitung.

Formuliere eine **Affirmation,** die deiner Intention entspricht. In den Übungen, die ich dir an die Hand gebe, findest du Beispiele für Affirmationen, die oft gut passen und sich bewährt haben. Du kannst diese jederzeit nach deinem eigenen Thema und deiner Intuition anpassen.

Gehe beim Sprechen bewusst in das Gefühl, dass das Problem bereits gelöst ist. Spüre dankbar, wie der gewünschte Zustand Wirklichkeit geworden ist. Dabei ist es wichtig, den Fokus nicht mehr auf die Herausforderung oder die belastete Stelle zu richten, sondern auf die Lösung und den Zielzustand. Das mag ungewohnt sein, aber indem du deinen Geist auf die gewünschte statt auf die belastende Situation lenkst, regst du auf Quantenebene den Körper deines Tieres dazu an, in den harmonischen Zustand zu gehen.

Noch ein paar Hinweise für die Affirmationen:

- Formuliere deine Affirmation mit einem Gefühl der Dankbarkeit, z. B.: »Ich bin dankbar, dass Heilung und Harmonie bereits geschehen sind.«
- Schreibe oder sprich so, als sei der gewünschte Zustand schon Wirklichkeit und läge nicht in der Zukunft.
- Rede nicht über die Schwierigkeit, sondern richte deinen Satz klar auf das Ziel aus. Negative Formulierungen wie »Die Schmerzen verschwinden« lenken den Fokus ungewollt erneut auf das Problem. Drücke es positiv aus: »Mein Tier fühlt sich gesund und entspannt.«

Glaube wirklich daran, dass der Sollzustand eingetreten ist, und empfinde **Erleichterung und Dankbarkeit** dafür. Lasse das Thema dann los. Indem du diesen Ansatz konsequent anwendest, gibst du deinem Geist und deinem Energiefeld eine klare Richtung – hin zur Lösung und zur gewünschten Realität.

2. SÄULE – SYNCHRONISIERUNG

Die zweite der drei zentralen Säulen in der Quantenfeldharmonie ist die Synchronisierung. Dabei geht es darum, zwei Punkte, Felder oder Zustände bewusst miteinander in **Verbindung** zu bringen. In der Informatik wäre dies vergleichbar mit einem Datenabgleich.

Wir führen das Thema (die Herausforderung) und die Lösung zusammen, während wir die Information durch unsere Intention auf eine höhere Schwingungsebene heben. Ich nenne diese Ausrichtung »**zum höchsten Wohl**«.

Konzentrieren wir uns gleichzeitig auf zwei Punkte, werden diese synchronisiert und energetisch »verschränkt«. Zudem hilft uns dieser Prozess, den Verstand für einen Moment loszulassen. Wenn du dich z. B. auf deine beiden Hände gleichzeitig fokussierst, entsteht ein Zustand innerer Ruhe und Gedankenleere.

Wichtig ist – neben der Gedankenleere – auch ein ausgeglichener emotionaler Zustand. Dies bedeutet, dass du weder starke Gefühle wie Trauer, Wut oder Verzweiflung spürst noch euphorische Freude. Stelle dir diesen Nullpunkt vor wie den neutralen Ausschlag eines Messgeräts. Der Zeiger verharrt in der Mitte und geht weder in den negativen noch in den positiven Bereich. Diesen gedanklichen Zustand der Ruhe und Neutralität nimmst du ein.

Halte während der Synchronisierung beide Punkte oder Hände in deiner Aufmerksamkeit, bis sie sich energetisch »gleich« anfühlen beziehungsweise du intuitiv spürst, dass der Abgleich stattgefunden hat.

Nicht nur vor, sondern auch nach der Synchronisierung kann eine Affirmation den Prozess unterstützen. Wenn du deine Hände am Ende der Übung vom Tier nimmst, kannst du deine Energie zusätzlich durch positive Emotionen wie Freude oder Dankbarkeit stärken. Ein warmes Herzensgefühl hilft dabei, die Veränderung zu manifestieren. Es öffnet die Ebene des reinen Seins und verstärkt deine Intention sowie die neu geschaffene, positive Realität. Nur über eine hohe Schwingung kann eine Veränderung angestoßen werden. Ohne sie bleibt der Prozess wirkungslos.

Manchmal verspürst du nach dem Herunternehmen der Hände den Impuls, eine abschließende Bewegung zu machen (z. B. schwingende oder wellenartige Bewegungen). Vertraue hierbei deinem Gefühl, und folge ihm.

Wenn du die Synchronisierung ausführst, kannst du mitunter energetische Phänomene wahrnehmen:

- Eine wellenartige Bewegung findet zwischen den Punkten statt oder geht durch dich (bzw. dein Tier) hindurch.
- Die Hände bewegen sich intuitiv auseinander oder zusammen.
- Du siehst Energie zwischen den beiden Punkten springen oder fließen.

Erlaube dir, diese Effekte so wahrzunehmen, wie sie erscheinen. Akzeptiere sie, und richte in diesem Moment einfach erneut den Fokus auf die beiden verbundenen Punkte.

Die Synchronisierung ermöglicht es, aus der Verstandesebene auszutreten und in einen erweiterten Bewusstseinszustand zu gelangen. Mit deiner Intention bringst du Energien in Einklang und kannst positive Veränderungen für dein Tier anregen.

3. Säule – Reines Bewusstsein, Gedankenleere und Loslassen

Wenn wir uns in den **Zustand reinen Seins** begeben und uns mit dem Feld der Schöpfung verbinden – der bedingungslosen Liebe, dem Heilsein und dem Ursprung –, öffnet sich ein Raum vollkommener Harmonie. Er ist bestimmt von Ordnung, Fülle und einer tiefen Bedürfnislosigkeit. In diesem Zustand fühlen wir uns getragen und glücklich. Die menschlichen Grenzen und die niederen

Schwingungen erscheinen in diesem Moment vergessen. Auf dieser höheren Bewusstseinsebene scheinen alle Begrenzungen aufgehoben, und alles wird möglich.

Säule 2 und 3 greifen ineinander und finden oft gleichzeitig statt. Während du die zwei Felder oder Zustände synchronisierst, erreichst du den Zustand der **Gedankenleere** und des reinen Bewusstseins. Dies ermöglicht einen Moment des reinen Seins, in dem sich das Tor zur Urmatrix öffnen kann. Indem du dein Bewusstsein mit ihr verbindest, kannst du den aktuellen Istzustand verändern und eine neue, heilsame Realität erschaffen – die Quantenfeldharmonie. Durch diese Technik wird alles an seinen heilen, ursprünglichen Zustand erinnert. Das energetische System (das Energiefeld oder der Körper deines Tieres) erhält einen Impuls zur Selbstheilung. Es ist wichtig, möglichst stabil in diesem Zustand zu bleiben. Sobald du ein Gefühl der Einheit wahrnimmst, brauchst du die »Brücke«, die die beiden Felder verbindet, nicht mehr aktiv zu halten.

Je mehr Erfahrung du mit Yoga, Meditation oder Achtsamkeitsübungen hast, desto leichter wird es dir fallen, in diesen Zustand zu gelangen. Falls dir dies zu Beginn schwerfällt, sei geduldig – regelmäßige Praxis führt dazu, dass dein System sich erinnert und das Erreichen dieses Zustandes leichter wird. Es ist wie ein Muskel, der durch Wiederholung gestärkt wird.

Hilfreich kann es sein, dir bildlich einen leeren Raum vorzustellen, in dem nichts getan, gedacht oder erreicht werden muss. Lasse geschehen, was geschieht. Du übst dich in Hingabe und dem **Loslassen** aller Gedanken. Du befindest dich im reinen Sein, in Gedankenstille und gleichzeitig in höchster Klarheit. Eine Achtsamkeitsübung zur Unterstützung findest du im Übungsteil (S. 46).

Im Zustand des reinen Bewusstseins richtet die Schöpfungsebene das Geschehen auf das höchstmögliche Wohl aus. Dabei spielt der Verstand keine Rolle, denn dies geschieht über ein tiefes Vertrauen und Wissen, dass sich alles harmonisch und optimal entfaltet. Du kannst in diesem Moment ein Gefühl der Losgelöstheit von Raum und Zeit empfinden.

Eine bewusste Verbindung zwischen der Ebene des reinen Bewusstseins und der Realität kann dazu führen, dass du für einen kurzen Moment vollkommene Harmonie erlebst, die sich heil und vollendet anfühlt. Es ist das Empfinden vollständiger **Präsenz** und **Annahme** dessen, was ist – ohne jeglichen Handlungszwang.

In diesem Zustand wird eine Art Resonanz ausgelöst, die Selbstheilungsprozesse in Gang bringt. Die Schwingung, die mit dem höchsten Bewusstsein verbunden ist, richtet sich an reiner Liebe aus. Dies beeinflusst automatisch das Energiefeld, das sich an der Harmonie orientiert. Diese Ausrichtung entfaltet sich stets zum höchsten Wohl aller Beteiligten.

Wie genau sich ein Prozess entwickelt, entscheidet dein Tier individuell. Jedes System, jede Seele agiert dabei im Einklang mit ihrem höchsten Wohl sowie in Übereinstimmung mit dem Seelenplan oder den aktuellen Lebensumständen. Mehr zu möglichen Faktoren, die einer Lösung entgegenstehen können, findest du im nächsten Kapitel (S. 35).

Du brauchst nicht zu wissen, was die »perfekte Lösung« für eine bestimmte Situation ist. Es genügt, das Thema auf das höchste Wohl auszurichten und darauf zu vertrauen, dass sich der beste Ausgang zeigt. Eine übergeordnete Weisheit regelt dies in perfekter Harmonie, unabhängig davon, ob dein Verstand es nachvollziehen kann.

Praktische Hinweise

Wie lange dauert die Anwendung?

Die Synchronisierung und Ausrichtung auf den heilen Urzustand dauern in der Regel nur wenige Sekunden bis Minuten. Häufig spürst du intuitiv, wenn der Prozess abgeschlossen ist – die Felder sind dann synchronisiert, der Impuls oder die Welle ist durchgelaufen. In diesem Moment senkst oder löst du die Hände wie von selbst, begleitet von einem tiefen Ausatmen, einem Seufzer oder einer entspannten Bewegung des Körpers (z. B. leichtes Schaukeln).

Meiner Erfahrung nach dauert eine Anwendung selten länger als 5 Minuten. Falls du aber das Gefühl hast, dass ein erneuter Impuls sinnvoll ist – z. B. in akuten Situationen –, kann die Quantenfeldharmonisierung am Folgetag oder auch nach einigen Stunden wiederholt werden.

Tiere scheinen diese energetische Arbeit ebenfalls zu genießen. Oft lassen sie dich die Hände noch länger auflegen, bis sie signalisieren, dass es genug ist.

Insbesondere bei chronischen oder länger bestehenden Herausforderungen kann es hilfreich sein, den energetischen Anstoß über einen längeren Zeitraum hinweg zu wiederholen – zunächst in engmaschigen Intervallen und anschließend mit wachsendem zeitlichem Abstand. Auf diese Weise kann die Quantenfeldharmonisierung behutsam ausgeschlichen werden.

Wichtig zu beachten ist, dass die Wirkung des Anstoßes noch Stunden oder sogar Tage nach der Durchführung spürbar sein kann, während sich das System an die neue Information anpasst. Es braucht Zeit, damit diese Integration vollständig abgeschlossen werden kann.

Wie oft darf die Quantenfeldharmonisierung angewendet werden?

Bei leichteren Problemen wie kleinen Verletzungen genügt oft eine einzelne Anwendung, um eine spürbare Verbesserung herbeizuführen. Tiefer liegende Themen oder solche, die sich erst nach und nach zeigen, profitieren hingegen von wiederholten Anregungen, die den heilen Urzustand in Erinnerung rufen.

Dabei ist es essenziell, dem Körper ausreichend Zeit für die Reorganisation zu geben. Zu viele Impulse in kurzer Zeit – etwa im Minutentakt – können kontraproduktiv sein. Das Energiefeld benötigt Raum zur Verarbeitung, und das höhere Selbst entscheidet, ob es den Impuls überhaupt annehmen möchte. Zu schnelles Handeln kann störend wirken oder dazu führen, dass die Anwendungen ins Leere laufen.

In den meisten Fällen empfiehlt es sich, mindestens 1–2 Stunden zwischen den Quantenfeldharmonisierungen vergehen zu lassen und maximal 3–4 Behandlungen pro Tag durchzuführen. Ein gut entwickeltes Gefühl und Aufmerksamkeit für die Bedürfnisse deines Tieres geben dir wichtige Hinweise.

In besonderen Fällen – z. B. bei akuten Themen – kann es jedoch sinnvoll sein, mehrere Ausrichtungen an einem Tag vorzunehmen. Hierbei gibt es keine allgemeingültige Regel, da jede Situation individuell ist. Regelmäßiges Arbeiten mit der eigenen Intuition hilft dir dabei, den richtigen Rhythmus zu finden.

Im Fall altersbedingter gesundheitlicher Herausforderungen ist der energetische Impuls ebenfalls unterstützend einsetzbar. Er kann dazu beitragen, dem

Körper des Tieres trotz Alterserscheinungen mehr Lebensenergie zu verleihen. Nach meinen persönlichen Erfahrungen kann eine gelegentliche Quantenfeldharmonisierung (etwa alle 2–3 Monate) die Lebensfreude maßgeblich erhöhen und die Selbstheilung anregen.

Hinweis: In akuten Notsituationen, in denen Eile geboten ist, wie bei einem vermissten Haustier oder bei einer Kolik beim Pferd musst du zunächst alle anderen wichtigen Maßnahmen bedenken: Ist ein Hund oder eine Katze verschwunden, solltest du z. B. in nicht abgedeckten Pools und in verschlossenen Garagen in der Umgebung nachschauen, im Tierheim anrufen, vielleicht Wärmebilddrohnen oder Aushänge nutzen, Suchhunde anfragen etc. Erst danach solltest du, wenn sich der zeitliche Raum ergibt, die Quantenfeldharmonisierung zusätzlich nutzen. Gerade in diesen kritischen Momenten kann sie dir durch übersinnliche Wahrnehmungen parallel wichtige Informationen zukommen lassen. Außerdem hilft die Ausrichtung auf das höchste Wohl, Ruhe und Klarheit zu schaffen. Auch für das Tier.

Bekommt man auch mediale Informationen?

Es kann vorkommen, dass du im Zustand des reinen Gewahrseins oder bei der Synchronisierung innere Bilder wahrnimmst oder Informationen durch das sogenannte Hellwissen erhältst. Ähnliches kann auch nach der Anwendung der Quantenfeldharmonisierung geschehen. Je mehr Erfahrung du in diesem Bereich hast, desto besser kannst du dieses mediale Werkzeug nutzen.

Es können sich Informationen über die Ursprünge bestimmter Themen oder mögliche Lösungsansätze zeigen. Auch Impulse für praktische Veränderungen im Alltag, die dem Tier helfen könnten, den energetischen Anstoß auch im physischen Bereich anzunehmen und zu verstärken, können auf diese Weise zu dir gelangen. Dies kann Übungen umfassen oder Anpassungen wie eine Veränderung des Liegeplatzes.

Bei einer Quantenfeldharmonisierung, die aus der Ferne durchgeführt wird, verbinden wir uns mit dem Energiefeld des Tieres. Dies geschieht z. B. mittels eines Fotos oder durch den Namen, auf den wir uns einschwingen. Dadurch entsteht automatisch ein Austausch, der gegebenenfalls auch kurze Kommunikationen ermöglicht.

Bei einem vermissten Tier verbinde ich mich mit dessen Energiefeld, stelle mich mental kurz vor und erkläre, dass ich ihm energetisch helfen möchte, weil mich sein Mensch darum gebeten hat. Bereits nach wenigen Sekunden zeigt sich, ob das Tier offen für die Unterstützung ist oder nicht. Während oder nach der Quantenfeldharmonisierung können wir dann über die entstandene Matrixverbindung kommunizieren, Schilderungen des momentanen Umfeldes oder Bitten austauschen. Auch nach der energetischen Ausrichtung kann ich die Verbindung halten, falls dies notwendig ist.

Was kann der Quantenfeldharmonie entgegenwirken?

Die gute Nachricht: Die Quantenfeldharmonie wirkt grundsätzlich immer nur zum höchsten Wohl. Du kannst keine negativen Veränderungen bewirken oder etwas »falsch« machen. Es gibt jedoch Faktoren, die die Wirkung beeinträchtigen oder verhindern können.

- **Freier Wille und Seelenplan:** Nach meiner Überzeugung inkarnieren Haustiere eng mit uns verbunden. Wenn ein bestimmter Lernprozess oder eine Erfahrung für den Menschen oder das Tier erforderlich ist, kann das aktuelle Problem ein Hinweis darauf sein, dass eine tiefere Reflexion notwendig ist. In solchen Fällen könnte es um sogenannte Spiegelthemen gehen, bei denen das Tier uns mit seinem Leidensweg etwas über uns selbst zeigt.

- **Destruktive Lebensumstände:** Negative oder belastende Lebensumstände, die kontinuierlich auf das Tier einwirken, können den dauerhaften Erfolg beeinträchtigen – z. B. extremer Lärm, Tierheimhektik, nicht artgerechte Auslastung/Unterbringung, chemisch belastete Umwelt …
- **Eigene emotionale Unausgeglichenheit:** Wenn wir selbst unausgeglichen sind, voller Ängste oder Unsicherheiten, kann es für uns schwierig sein, in den Zustand des reinen Gewahrseins zu gelangen. Dabei ist es jedoch wichtig, die positive Annahme aufrechtzuerhalten, dass das Problem bereits gelöst ist. Sollte dies für dich nicht möglich sein, kann es helfen, jemand anderen, der emotional unbeteiligt ist, um die Durchführung der Quantenfeldharmonisierung zu bitten.

Ethikempfinden, Zustimmung und der passende Zeitpunkt

Unser ethisches Empfinden zeigt uns über unsere Intuition recht klar, wann eine Handlung richtig ist oder eventuell als übergriffig empfunden wird. Besonders spüren wir dies, wenn wir mit Tieren oder Menschen arbeiten. Dabei können wir ein Ja- oder Nein-Gefühl über unsere Körperreaktionen wahrnehmen (dazu findest du eine Übung auf S. 52). Diese helfen uns, zu erkennen, ob Zustimmung gegeben ist und ob der Zeitpunkt passend ist.

Wenn wir die Quantenfeldharmonie für andere anwenden möchten – sei es für Tiere anderer Halterinnen und Halter oder für andere Menschen –, sollten wir unbedingt vorher deren Erlaubnis einholen. Schließlich möchten die meisten von uns auch nicht ungefragt beeinflusst oder mit irgendetwas konfrontiert werden, selbst wenn es gut gemeint ist. Letztlich steht über allem auch das höhere Selbst, das entscheidet, ob ein energetischer oder informatorischer Impuls überhaupt angenommen wird.

Jede Situation ist einzigartig und sollte individuell betrachtet werden. Falls du unsicher bist, kannst du immer auf dein persönliches Gefühl vertrauen, um herauszufinden, ob dein Gegenüber offen dafür und ob der Moment geeignet ist. Prüfe achtsam, ob deine Unterstützung willkommen ist. Das gilt ebenso in Begegnungen mit Wildtieren, etwa, wenn sie sich in einer Notsituation befinden.

Manchmal können Themen unseres Tieres auch andere Tiere betreffen, z. B. Nachbartiere oder andere Mitglieder einer Herde. In solchen Fällen kannst du nach meiner Auffassung die gesamte Situation mit allen Beteiligten als Istzustand energetisch in deine Themenhand hineinlegen, ohne übergriffig zu sein – denn du übergibst das aktuelle Geschehen einer höheren Ordnung. Wichtig ist dabei, immer auf das höchste Wohl aller Beteiligten ausgerichtet zu sein. Die Lösung wird durch das reine Bewusstsein und das höhere Selbst von allen Beteiligten bestimmt. Daher wird sie an der bedingungslosen Liebe ausgerichtet und für alle Seiten hilfreich sein.

Es gibt auch Situationen, in denen du ein klares »Nein« vom Tier spürst – entweder durch deine Wahrnehmung oder durch seine Reaktion. Ein Beispiel hierfür wäre, wenn ein Tier gerade eine Operation durchläuft. In solch einer sensiblen Phase könnte die Verbindung oder ein energetischer Impuls das Tier stören, selbst wenn deine Absichten gut sind. Dann ist Geduld gefragt, und zu einem späteren Zeitpunkt kannst du es erneut versuchen.

Ein weiteres emotionales Thema ist die Begleitung von Tieren am Übergang zwischen Leben und Tod. Hier können bewusst gesetzte Impulse, die auf das höchste Wohl ausgerichtet sind, dazu führen, dass das Tier loslassen und friedlich in die nächste Daseinsebene eintreten kann. Es ist wichtig, dass du dir darüber im Klaren bist, dass deine Unterstützung möglicherweise den Impuls zum Übergang gibt – wenn es zum höchsten Wohl geschieht und das höhere Selbst des Tieres sich dafür entscheidet.

Grundsätzlich sollten wir lernen, darauf zu vertrauen, dass wir nicht immer alles wissen oder kontrollieren können – insbesondere, wenn es um das höchste Wohl der Seele eines anderen Lebewesens geht. Das höhere Selbst, die Seele und die übergeordnete göttliche Ebene haben mehr Einblick darin, welcher Weg in dem Moment der richtige ist. Unsere Aufgabe ist es vielmehr, den Raum dafür zu schaffen und den Prozess mit offenem Herzen und respektvoller Hingabe zu begleiten.

Dein Tier als Spiegel deiner selbst

Unsere Haustiere begleiten uns oft auf einer tiefgehenden Ebene, entweder weil wir eine seelische Verabredung mit ihnen haben, oder weil sie durch die enge Verbindung mit uns und unserem Energiefeld Themen von uns aufnehmen. Sie spiegeln uns unsere eigenen Ängste, Sorgen und inneren »Baustellen« durch ihr Verhalten, ihre Befindlichkeiten oder manchmal sogar durch verschiedene Beschwerden. Dies ist Ausdruck ihrer bedingungslosen Liebe.

Ein Spiegelthema kann z. B. darin bestehen, dass dein Tier deine inneren Sorgen und Ängste spürt, diese mitträgt und daraufhin selbst Anzeichen von körperlichem oder psychischem Stress zeigt. Meine eigene Stute diente mir früher als verlässlicher »Anzeiger«: Über ihre Unruhe und körperlichen Symptome machte sie mich auf meine eigenen Sorgen und meine innere Haltung aufmerksam.

Um herauszufinden, ob du und dein Tier ein solches Spiegelthema habt, kannst du versuchen, die störenden Verhaltensweisen oder auffälligen Symptome deines Tieres in kurzen, klaren Worten zu beschreiben. Dabei wirst du womöglich schnell erkennen, ob es eine Überschneidung mit deinen eigenen Ängsten, Emotionen oder inneren Konflikten gibt.

Eine Möglichkeit, deinem Tier und dir selbst zu helfen, ist es, zuerst bei dir selbst anzusetzen. Zum Beispiel kannst du die Methode der Quantenharmonisierung anwenden. Wenn du ruhiger wirst und innere Belastungen loslässt, kann sich oft auch der Zustand deines Tieres verbessern, da es weniger Stress aus eurer Verbindung aufnimmt.

Solltest du emotional zu stark involviert sein, kannst du auch jemand anderen darum bitten, dich zu behandeln, der oder die neutral genug ist, um in eine ausgeglichene Bewusstseinsebene eintreten zu können.

Manchmal ist es selbst in stressigen Momenten hilfreich, die Quantenfeldharmonisierung auszuprobieren – z. B., während du in der Tierklinik wartest. Auch wenn du angespannt bist, kannst du durch regelmäßige Anwendung von Mal zu Mal ruhiger werden und dich deinem Tier gegenüber gelassener zeigen.

Quantenfeldharmonie und andere Methoden kombinieren

Die Quantenfeldharmonisierung kann leicht mit anderen Methoden kombiniert werden, die du bereits kennst oder anwendest. Beispielsweise lässt sie sich in die Aufstellungsarbeit integrieren oder während schamanischer Seelenreisen nutzen.

Bei einer schamanischen Reise begibst du dich in einen veränderten Bewusstseinszustand und erkundest die Anderswelt, befindest dich also genau wie bei der Quantenfeldharmonisierung auf der Astral- oder Seelenebene. Du kannst dein Tier bitten, dich auf dieser Reise zu begleiten. Gemeinsam könnt ihr in die »obere Welt« reisen, wo du dein Tier durch Lichtenergie mit der Urmatrix oder seiner ursprünglichen, heilen Essenz verbindest. Schamanen gehen davon aus, dass Arbeit in der Anderswelt auch auf die alltägliche Realität wirkt.

Ich leite im Praxisteil z. B. eine geistige Wirbelsäulenaufrichtung in Kombination mit der Quantenfeldharmonie an. Auch eine schamanische Reise findest du dort, bei der du mit deinem Tier an die Quelle des heilen Ursprungs reist. Wenn du in einen reinen, entspannten Bewusstseinszustand findest, kannst du dich über dein höheres Selbst mit dem deines Tieres verbinden. Auf diese Weise erhältst du Antworten auf deine Fragen oder Botschaften aus dem Energiefeld deines Tieres. Die Methode vertieft also auch die mediale Kommunikation mit deinem Tier.

Quantenfeldharmonie-Tagebuch

Gerade am Anfang deiner Praxis empfiehlt es sich, ein Übungs- oder Anwendungstagebuch zu führen. Mithilfe eines solchen Journals kannst du z. B. über eine Skala zu einzelnen Themen oder Beschwerden nachverfolgen, wie sich positive Veränderungen entwickelt haben. Es könnte auch sein, dass sich Lösungen über dein höheres Bewusstsein gezeigt haben.

Oft neigen wir dazu, Verbesserungen oder das Verschwinden von Problemen als Zufall abzutun. Deine Erfahrungen festzuhalten, zeigt dir jedoch, wie wirkungsvoll und wertvoll diese einfach anwendbare Methode sein kann.

Notiere dabei insbesondere:

- Veränderungen vom Istzustand zum Sollzustand
- besondere Erlebnisse oder Wahrnehmungen während der Quantenfeldharmonisierung
- Veränderungen in der Interaktion zwischen dir und deinem Tier
- Entwicklungen in Alltagsbeziehungen, im Selbstbewusstsein, in der Balance oder in der Lebensfreude – auch denen deines Tieres

Ein Tagebuch hilft dir, diese Fortschritte nicht einfach zu vergessen, sondern sichtbar zu machen und immer selbstbewusster bei der Anwendung zu werden.

Entspannte Atmung

Bei dieser Arbeit, bei der es um Energie und Bewusstsein geht, ist eine richtige, ruhige und bewusste Atmung essenziell. Mit ihr können wir unsere Entspannung fördern und uns für das reine Bewusstsein öffnen.

Im Alltag merken wir oft gar nicht mehr, wie angespannt wir sind. Häufig atmen wir nur flach und oberflächlich oder halten sogar den Atem an – ein gängiges Zeichen von Stress. Tiere nehmen diese Signale wahr. Deine Anspannung überträgt sich auf dein Tier, ebenso wie deine Entspannung.

Beobachte dich einmal selbst: In welchen Situationen hältst du vielleicht automatisch den Atem an? Atmest du während der Übungen zur Quantenfeldharmonie immer entspannt weiter? Je achtsamer du wirst, desto leichter wird es dir fallen, während energetischer oder medialer Arbeit fließend und ruhig zu atmen. Dies unterstützt nicht nur dich, sondern auch dein Tier.

Ein Anhalten des Atems oder eine sehr schnelle Atmung sind Zeichen von Anspannung und Hektik. Dein Tier könnte daraus schließen, dass eine Gefahr droht. Indem du eine achtsame, gleichmäßige, ruhige Atmung übst, gibst du deinem Tier ein Gefühl von Vertrauen, Ruhe und Sicherheit.

Im praktischen Teil findest du eine Atemübung (S. 48), die dir helfen kann, dauerhaft entspannter zu atmen.

Nimm es leicht!

Gehe mit Freude und Leichtigkeit an die Übungen und Anwendungen heran. Mache dir keine Sorgen, ob du vielleicht etwas vergessen oder nicht in der richtigen Reihenfolge gemacht hast. Jede Anwendung ist wertvoll und bringt dich weiter! Mit der Zeit wirst du immer sicherer und entwickelst deine eigenen Wege und Methoden, die sich für dich richtig und stimmig anfühlen.

Du wirst nach und nach verstehen, was mit dem Begriff des reinen Bewusstseinszustandes oder mit der Idee, dass »alles bereits vollbracht ist«, gemeint ist.

Vieles wird von unserem Unter- oder höheren Bewusstsein gesteuert. Daher ist es nicht notwendig, jede Anwendung bis ins Detail zu planen oder alles exakt zu visualisieren. Vertraue darauf, dass deine Intuition dir den Weg weist.

Auch wenn die Methode einfach und schnell anzuwenden ist, lass dich von deinem Verstand nicht verunsichern. Nur weil es nicht kompliziert erscheint, bedeutet das nicht, dass es keine starke Wirkung haben kann. Glaube an dich und das Potenzial dieser Arbeit!

Das Universum hält so viel mehr bereit, als unser Verstand sich ausmalen kann. Er basiert auf erlerntem Wissen. Doch unsere Seele, die Kraft der Gedanken und die Energie im Quanten- oder Matrixfeld um uns herum sind noch lange nicht vollständig erforscht.

Lasse dich von den »unsichtbaren« Geheimnissen faszinieren, und begreife die Erfahrungen der Quantenfeldharmonie als Chance, jene auf einer ganz persönlichen Ebene zu erkunden und zu erleben!

Im Folgenden findest du 35 Anregungen, wie du die Technik der Quantenfeldharmonisierung im Zusammenleben mit deinen Tieren benutzen kannst. Die ersten sechs Übungen sind dabei für dich gedacht. Sie helfen dir, die Methode zu erlernen und in die richtige Geisteshaltung dafür zu kommen. Du kannst den Praxisteil im Ganzen durchlesen, um einen Überblick über die Möglichkeiten zu erhalten. Oder du schaust im Inhaltsverzeichnis gezielt nach der Anwendung, die für deine Situation gerade passt. Vielleicht willst du auch einmal intuitiv eine Doppelseite aufschlagen und schauen, ob du zu einem Thema geführt wurdest, mit dem du aktuell in Resonanz gehst.

35 Anwendungen der Quantenfeld-Harmonie

Zwei-Punkt-Methode über die Handflächen

In dieser Übung baust du eine Brücke zwischen dem aktuellen Zustand (Ist-zustand) und dem gewünschten Zustand (Sollzustand), um ein Thema auf das höchste Wohl auszurichten. Die Methode ist vielseitig einsetzbar und eignet sich nicht nur für körperliche Beschwerden, sondern auch für emotional belastende Situationen oder seelische Traumata. Du kannst sie auch als Fernanwendung durchführen, da es nicht erforderlich ist, dass dein Tier anwesend ist. Daher ist sie besonders hilfreich bei scheuen und kleinen Tieren wie Wellensittichen, Kaninchen oder Hamstern.

··· ANWENDUNG ···

Nutze deine eigenen Handflächen symbolisch:
- Eine Hand repräsentiert den aktuellen Zustand (Themenhand).
- Die andere Hand steht für den gewünschten Zustand (Lösungshand).

Spüre hinein, welche Hand welche Funktion übernehmen soll. Vertraue dabei auf deinen ersten Impuls. Meist bleibt diese Zuweisung für alle nachfolgenden Anwendungen erhalten.

Setze dich an einen ruhigen, bequemen Ort. Halte die Hände mit den Handflächen nach oben vor dich ausgestreckt. Denke an dein Tier einschließlich seines Namens, oder stelle es dir bildlich vor. Platziere es symbolisch auf deiner Themenhand. Dasselbe kannst du mit einer Situation machen, die dein Tier oder dich belastet.

Über deine Lösungshand stellst du eine Verbindung zur Urmatrix her. Du kannst sie auch Gott, das All-eins, das reine Bewusstsein ... nennen. Visualisiere dazu, wie ein Lichtstrahl aus der Handfläche in die Höhe scheint.

Wenn du eine klare Vorstellung davon hast, kannst du dir den gewünschten Zustand deines Tieres oder der Situation auch ganz konkret vorstellen und in die Lösungshand hineingeben.

Wähle eine Affirmation, um deine Absicht zu bekräftigen, z. B. für Tiere: »Ich bitte um vollständige Heilung. Ich bitte um Erinnerung an den vollkommen heilen Ursprungszustand von ... (Name deines Tieres). Danke, dass Heilung stattgefunden hat«, für Situationen: »Danke, dass sich das Thema bereits zum höchsten Wohl gelöst hat.«

Lasse die Gedanken an das Thema oder das Bild los. Versuche, deinen Geist vollständig zu klären und einen Moment des reinen Bewusstseins zu erleben. Richte deinen Fokus auf beide Hände gleichzeitig, und spüre in die Verbindung hinein. Bleibe in diesem Zustand, bis du spürst, dass Ist- und Sollzustand synchronisiert wurden. Ein gutes Zeichen dafür ist, dass sich beide Hände gleich anfühlen oder die Energiebewegung zwischen deinen Händen zur Ruhe gekommen ist.

Empfinde Dankbarkeit für den heilen Zustand und die positive Veränderung. Denke z. B. an die jugendliche Lebendigkeit deines Tieres oder das Bild eines harmonischen Zustands. Sage zum Abschluss: »Danke, dass Heilung stattgefunden hat. Danke, dass bereits alles zum höchsten Besten geschehen ist.«

Solltest du das Bedürfnis verspüren, deine Hände am Ende zusammenzuführen oder auszuschütteln, folge diesem Impuls. Dies kann helfen, den Prozess zu vervollständigen und energetisch abzurunden.

Hinweis: Die Methode fokussiert auf Harmonie und Selbstheilung. Es ist nicht notwendig, die Lösung zu »wissen«. Vertraue auf das Prinzip, dass das beste Ergebnis sich aus der Verbindung zur höchsten Ordnung entfaltet.

Harmonie und Entspannung

Wenn du die Quantenfeldharmonisierung für dein Tier anwendest, ist es wichtig, dass du selbst entspannt und in einer synchronen Schwingung bist. Bringst du deinen eigenen Stress, Ärger oder Unsicherheit in die Behandlung, kann sich dieser Zustand auf dein Tier übertragen und die Wirkung mindern.

Diese Übung hilft dir, dich schnell zu entspannen. Sie ist an Übungen wie das Autogene Training angelehnt. Du erfährst dabei den reinen Seinszustand, indem du dich auf zwei Punkte gleichzeitig fokussierst. Dein Körper kommt in eine synchrone Schwingung, was dich auf allen Ebenen harmonisiert.

Die Technik ist auch für die Zwei-Punkt-Methode zentral. Auf diese Weise synchronisierst du zwei Körperstellen miteinander und richtest sie auf das höchste Wohl aus.

··· ANWENDUNG ···

Setze dich sicher, stabil und bequem hin. Atme tief durch, und lockere deinen Körper, so gut du kannst. Du kannst z. B. alle Gliedmaße einmal kräftig ausschütteln.

Sage: »Ich bitte um die Ausrichtung auf das höchste Wohl und um tiefe Entspannung. Danke, dass sich alles zum höchsten Wohl und in Erinnerung an den heilen Urzustand ausgerichtet hat. Danke, danke, danke.« Mit dieser Manifestationsformel gibst du das gewünschte Ergebnis vor und nimmst sein Eintreten an.

Gehe nun gedanklich zu deiner linken Hand. Nimm wahr, wie sie sich anfühlt. Lasse dir Zeit. Wie liegt die Hand, ist sie warm oder kalt, wie fühlen sich die Finger an?

Balle die rechte Hand zu einer Faust, und halte einen Moment lang deinen Fokus auf ihr. Lasse sie dann wieder locker, und gehe mit deiner Aufmerksamkeit zu beiden Händen. Nimm sie gleichzeitig wahr, so gut es dir möglich ist. Wenn du abschweifst, kehre wieder dorthin zurück, bis sie sich wie eine Einheit anfühlen. Bleibe dabei in einem möglichst gedankenleeren Zustand. Das kann einige Sekunden oder wenige Minuten dauern.

Gehe nun zu deinem linken Fuß. Nimm wahr, wie sich jede Zehe deines linken Fußes anfühlt, nimm den Untergrund wahr, spüre die Ferse, das Gewölbe, den Ballen ... Bleibe für einen Moment in der Aufmerksamkeit.

Nun spanne den rechten Fuß, die rechten Zehen an. Lasse los, und gehe mit der Aufmerksamkeit zu beiden Füßen. Bemerkst du den Ausgleich der Energien? Bleibe so lange in diesem Bewusstsein, bis sich beide Füße gleich anfühlen. Führe die Synchronisierung mit weiteren Körperpartien aus: Oberarmen, Schultern, Gesichtshälften, Gehirnhälften ...

Schließlich kannst du auch diagonale Synchronisierungen ausprobieren. Gehe z.B. mit deiner Wahrnehmung zuerst zum rechten Fuß, und spanne dann deine linke Hand an. Lasse locker, und nimm den rechten Fuß und die linke Hand gleichzeitig wahr.

Wenn du dir z.B. den Finger geklemmt oder gestoßen hast, kannst du die Synchronisierungsübung mit beiden Fingern machen und diese harmonisch ausrichten. Du wirst feststellen, wie schnell es aufhört, zu schmerzen.

Hinweis: Alles in deinem Körper und Energiefeld richtet sich anhand der Erinnerung neu aus. Daher kann es vorkommen, dass du Muskelkater oder Ähnliches bekommst. Sorge gut für dich, und trinke ausreichend klares Wasser im Anschluss an die Übung.

Der ruhige Atem

Spaziergänge und Meditationen sind effektive Methoden, unseren Stresslevel zu senken. Doch nicht immer finden wir in unserem Alltag die Zeit dafür. Dann sind bewusste Atemübungen eine schnell umzusetzende Alternative. Eine entspannte Atmung hilft deinem Tier, ebenfalls ruhig zu werden und den Impuls zur Quantenfeldharmonie noch besser annehmen zu können.

··· ANWENDUNG ···

Kurz-Übung:
Werde dir deiner Atmung in diesem Augenblick bewusst. Lasse die Luft ein- und ausströmen, und beobachte dich dabei, ohne deinen Atemrhythmus zu verändern.

Atme nun fünfmal tiefer ein und ganz langsam wieder aus. Du kannst dir dabei vorstellen, wie dein Atem durch die Fußsohlen in den Boden unter dir abfließt und alle Anspannung an die Erde übergibt, die sie auflöst. Visualisiere beim Einatmen, wie goldenes Licht und frische Energie in dich hereinfließen.

Spüre nach, wie viel ruhiger du geworden bist. Indem du an dein Tier denkst, kannst du es meditativ in diese Entspannung einladen.

Tiefes Einatmen, entspanntes Seufzen:
Setze oder stelle dich aufrecht hin. Atme durch die Nase tief ein und sofort ein zweites Mal. Atme durch den offenen Mund mit einem tiefen Seufzer hörbar aus. Lasse die Schultern dabei fallen, seufze mit dem ganzen Körper.

Atme in deinem natürlichen Rhythmus weiter.

Trinke anschließend stilles Wasser, besonders, falls dir schwindelig geworden ist. Erde dich, indem du den Boden unter deinen Füßen bewusst wahrnimmst.

Der reine Bewusstseinszustand

In unserem Alltag gehen uns ständig Dinge durch den Kopf. Der innere Kritiker, unser Verstand, ist selten einmal ruhig. Er möchte einordnen, kategorisieren und bewerten. Doch Momente der Gedankenleere, des reinen Bewusstseins, sind wertvoll. Wir sind ganz im Augenblick, eins mit uns selbst. In diesem Zustand haben wir Zugriff auf unser Seelenwissen, die höchste Ordnung und den Ursprung allen Seins. Er ist die Voraussetzung für mentale Techniken wie die Seelen- bzw. Tierkommunikation, das Channeln mit Naturwesen und Ortskräften und vielen anderen mehr.

Doch er ist nicht leicht zu erreichen, denn wir sind es gewohnt, unseren Gedanken nachzugehen, im Geist in der Vergangenheit oder Zukunft zu weilen. Besonders negative Gedanken und Sorgen können ganz schön hartnäckig sein.

Um für den Augenblick jeden Gedanken zur Ruhe bringen zu können und in ein Feld des reinen Gewahrseins zu kommen, bedarf es etwas Übung. Sobald wir diesen friedlichen, gedankenleeren Zustand aber einige Male erfahren haben, erinnern wir uns schnell wieder daran, und es fällt uns immer leichter. Irgendwann geht es wie von selbst.

In der Quantenfeldharmonisierung nutzen wir den Zustand des reinen Bewusstseins, um Situationen auf das höchste Wohl auszurichten. Diese Übung hilft dir, ihn zu erreichen.

· · · ANWENDUNG · · ·

Setze oder lege dich bequem hin, und schließe die Augen. Atme einmal bewusst tief ein und wieder aus, lockere deine Kiefer- und Schultermuskeln.

Versetze dich gedanklich an einen absolut ruhigen Ort, z. B. auf eine weiche, aber dich sicher tragende Wolke weit über den Berggipfeln. Hier sitzt du und meditierst. Nichts ist zu tun, du brauchst über nichts nachzudenken. Du bist ganz ruhig, atmest nur tief ein und aus. Du bist! Sprich zunehmend ruhiger und langsamer: »Ich bin, ich bin, ich bin.« Spüre diesen Zustand des Seins und die Verbindung mit der lichtvollen Quelle. Nimm den Frieden in dich auf, und sei des weiten Universums um dich herum gewahr. Du schwebst.

Falls Gedanken aufkommen, schiebe sie mit einem »Ich bin« liebevoll zur Seite. Du kannst dich später um sie kümmern. Kehre zurück in den Frieden in dir und um dich herum. Genieße die Stille in deinem Inneren. Wie fühlt sich dieses Nichts an?

Atme noch einmal tief ein und langsam laut aus. Kehre zurück ins Hier und Jetzt und in deinen Alltag. Du kannst diesen Zustand bei jeder Übung weiter ausdehnen. Er stärkt deinen Geist und bringt dich in das reine Gewahrsein.

Ja-/Nein-Übung

Wäre es nicht toll, jederzeit genau zu wissen, was unser höheres Selbst, unser Körper oder unsere Intuition uns raten würde? Die Fähigkeit, solche Antworten bewusst zu spüren, kann uns im Alltag enorm helfen. Sie fördert nicht nur unsere Selbstwahrnehmung, sondern auch unser emotionales Wohlbefinden.

Indem du lernst, zwischen stimmigen und nicht stimmigen Antworten zu unterscheiden, kannst du klarere Entscheidungen treffen, deine Intuition schärfen und ein besseres Gespür für deine eigenen Bedürfnisse und Gefühle entwickeln.

Dein Tier kann dir ebenfalls ein bejahendes oder verneinendes Gefühl zukommen lassen, z. B., wenn du es fragst, ob es für eine Quantenfeldharmonisierung bereit ist. Wenn du die Fähigkeit zur inneren Wahrnehmung verfeinert hast, wirst du auch seine Antworten viel leichter und deutlicher aufnehmen.

··· ANWENDUNG ···

Um deine Wahrnehmung zu schulen, formuliere Fragen, die du mit einem klaren Ja oder Nein beantworten kannst. Hier sind einige Beispiele:
- Scheint gerade die Sonne?
- Schneit es jetzt?
- Habe ich einen blauen Pullover an?
- Esse ich gern Schokoladeneis?
- Liebe ich Musik von Mozart?

Überlege dir einige solcher Fragen, und stelle dir dann laut die erste davon. Das laute Aussprechen verstärkt deine Intention. Antworte mit einer absichtlich falschen Antwort. Wenn du z. B. heute einen blauen Pullover trägst, antworte mit Nein.

Spüre nach: Wo im Körper fühlst du bei dieser falschen Antwort etwas? Zieht sich dein Bauch zusammen? Verkrampft sich etwas? Oder empfindest du einen Druck?

Stelle dir weitere Fragen, und antworte mit einer für dich nicht richtigen Antwort. Wenn es heute bedeckt ist, antworte etwa auf die Frage nach dem Sonnenschein bejahend. Dein Gespür für das Signal deines Körpers wird so immer sensibler.

Stelle dir weitere Fragen, und beantworte sie diesmal richtig. Wenn es heute schneit, bestätige dies mit einem Ja. Spüre wieder achtsam in dich hinein, und erkenne das Zeichen für Zustimmung. Nun weißt du, wie dein Körper dir eine stimmige Antwort (Ja) und eine nicht stimmige Antwort (Nein) signalisiert.

Alternativ kannst du deinen Körper als Pendel verwenden. Stelle dich stabil hin, und frage ihn, wie er ein Ja anzeigt. Vielleicht pendelst du leicht vor und zurück oder hin und her. Frage den Körper dann, wie er dir ein Nein signalisiert. Hier sollte sich die andere Bewegung einstellen.

Herzraum-Übung

Das Herz spielt eine zentrale Rolle in der spirituellen und energetischen Arbeit, da es als Sitz der Intuition und der emotionalen Weisheit gilt. Es verbindet uns mit unserem inneren Selbst und ermöglicht es, tiefere Einsichten zu gewinnen, während es gleichzeitig das Zentrum von Liebe und Mitgefühl ist.

Die Quantenfeldharmonisierung direkt über deinem Herzchakra ist daher eine kraftvolle Eigenanwendung. Mit ihr hast du die Möglichkeit, zahlreiche körperliche und seelische Themen zu harmonisieren sowie belastende Situationen zu lösen. Dazu zählen z. B. Allergien, Migräne, Ängste und hinderliche Glaubenssätze. Außerdem kannst du diese Methode stellvertretend für dein Tier anwenden, indem du es gedanklich in die Hand nimmst, die du auf dein Herz legst.

··· ANWENDUNG ···

Setze dich aufrecht hin. Eine stabile Position ist wichtig, weil die Quantenwelle deinen Körper in Bewegung bringen kann. Lege eine Hand auf deine Brust, auf dein Herzchakra, und lasse Ruhe und Wohlbefinden in dir aufsteigen. Idealerweise sollte dein Verstand still und sollten deine Emotionen neutral sein.

Denke nun an das Thema, das du auflösen bzw. heilen möchtest. Es ist nicht notwendig, alle Details zu bedenken – dein höheres Selbst weiß, was gemeint ist. Indem du deine Hand auf dein Herz legst, übermittelst du sozusagen die Information in deine »Themenhand«.

Suche mit der anderen Hand eine Position im Raum vor dir, die dich intuitiv anzieht. Sei dir sicher, dass diese Stelle den Lösungspunkt und die Verbindung zur Urmatrix darstellt. Diese Hand ist deine Lösungshand.

Lasse nun den Gedanken an das Thema los, das du in die Hand auf deinem Herzen gelegt hast. Sei dir bewusst, dass die Lösungshand die Verbindung zum heilen Ursprung herstellt. Richte deine Gedanken auf das höchste Wohl aus, und konzentriere dich gleichzeitig auf beide Hände – die auf deinem Herzen und die im Raum vor dir. Empfinde Erleichterung und Dankbarkeit dafür, dass bereits alles gelöst ist. Sage laut oder in Gedanken: »Danke, dass dieses Thema bereits vollständig aufgelöst ist! Danke, dass Heilung stattgefunden hat.« Es kommt hier besonders auf deine Intention, das Gefühl der Dankbarkeit und die Annahme an, dass die Lösung bereits stattgefunden hat. Der genaue Wortlaut ist dabei weniger wichtig.

Lasse die Hände sinken, wenn du spürst, dass die Zustände synchronisiert sind. Das dauert normalerweise ein paar Sekunden oder wenige Minuten. Vielleicht spürst du eine Welle durch dich hindurchgehen.

Alternative: Du kannst auch dein Tier über deine Themenhand in die Eigenanwendung einbeziehen. Mit der Lösungshand gehst du genauso vor wie beschrieben. Gleiche die Affirmation entsprechend an: »Ich bitte um den vollkommen heilen Urzustand. Ich bitte um die Lösung der Beschwerde für … (Name deines Tieres). Danke, dass Heilung stattgefunden hat. Danke, dass alles zum höchsten Wohl gelöst ist.«

Hinweis: Bei chronischen Beschwerden und länger andauernden Themen kann es sein, dass du während der Übung Informationen über deine Hellsinne erhältst. Diese können dir Aufschluss darüber geben, wie die Lösung aussieht oder was der Auslöser auf Seelenebene war. Wenn du den Ursprung des Problems erkennst, kann dir dieses Wissen helfen, es zu harmonisieren. In manchen Fällen ist es sinnvoll, die Übung mehrmals zu wiederholen, um die heilende Wirkung zu vertiefen und an den heilen Ursprung anzuknüpfen. Oft sind die Themen, die sich zeigen, mit Lernaufgaben oder prägenden Familienmustern verbunden.

CHAKRAAUSGLEICH

Chakras sind Kraftfelder bzw. -zentren in unserem Körper, die von der Lebensenergie (Prana) durchflutet werden. Du kannst sie dir wie sich drehende Energieräder vorstellen, die jeweils eine eigene Frequenz und individuelle Aufgaben haben. Jedes Chakra ist einer Farbe zugeordnet und für verschiedene Bereiche in Körper, Geist und Seele zuständig. Die Kraftzentren liegen entlang der feinstofflichen Körpermitte bzw. der Wirbelsäule des Menschen oder Tieres. Ein Zuviel oder Zuwenig an Prana in einem Chakra kann zu Ungleichgewichten und Beschwerden führen.

Mit der Quantenfeldharmonie können wir die Lebensenergie in jedem Kraftzentrum ausgleichen. Das geht direkt am Körper des Tieres, in seinem Energiefeld oder auch aus der Ferne. Die Intention steuert bekanntlich die Energie. Fünf der sieben Hauptchakras öffnen sich bei unseren Tieren in Form eines Trichters sowohl auf der Körperrück- als auch auf der -vorderseite. Du kannst also nach deinen oder den Vorlieben deines Tieres entscheiden, ob du es am Rücken oder an der Vorderseite harmonisierst.

Zwei Chakras stehen jeweils energetisch miteinander in Verbindung und gleichen sich gegenseitig aus: Wurzel- und Kronenchakra, Sakral- und Stirnchakra, Solarplexus- und Halschakra. Das Herzzentrum wird durch sich selbst in Liebe ausgeglichen.

- Das **Wurzelchakra** (Schwanzansatz) steht negativ für Ängste und fehlendes Vertrauen (in die Welt), positiv für die Existenzberechtigung, Lebensmut und -willen, organisch für Rücken, Knochen, Hinterläufe und Blut.
- Das **Sakralchakra** (unterhalb des Bauchnabels/hinterer Rücken) steht negativ für Scham und fehlende Lebensfreude, positiv für Kreativität,

Lebensbejahung und Selbstwahrnehmung, organisch für Fortpflanzung, Nieren, Becken und Hüfte.
- Das **Solarplexuschakra** (vordere/hintere Körpermitte) steht negativ für Wut und Angst vor neuen Erfahrungen, positiv für Mut, Ich- bzw. Selbstbewusstsein, organisch für Bauchspeicheldrüse, Übergewicht und Magen. Während große Wut einen Überschuss an Energie im Chakra bedeuten kann, z. B. infolge einer Grenzüberschreitung, die das Selbstbewusstsein triggert, zeigt ein Fehlen von Mut oder Umsetzungskraft einen Mangel an.
- Das **Herzchakra** (Brust/zwischen den Schulterblättern) steht für das Empfangen und Geben von Liebe. Falls dein Tier auf seinem Lebensweg kaum Liebe erfahren oder durch frühe entsprechende Erfahrungen Glaubenssätze verinnerlicht hat, deretwegen es Liebe nicht gut annehmen kann, ist ein Energieausgleich ein wertvoller Anstoß in Richtung Harmonie und Selbstliebe.
- Das **Halschakra** (Kehlkopf/Nacken) steht negativ für Abhängigkeit, Depression, Aggression, unklare, übermäßige oder mangelnde Kommunikation (bzw. Bellen u. Ä.) und Eingliederungsprobleme, positiv für den eigenen Selbstausdruck und Zufriedenheit, organisch für Stimme, Hals, Mund, Nacken, Kiefer und Schilddrüse.
- Das **Stirnchakra** (Stirn/Hinterkopf) steht negativ für Lern- und Konzentrationsschwierigkeiten sowie Unruhe, positiv für Ausgeglichenheit, gute Anbindung an die eigene Weisheit und Intuition, organisch für Geschmackssinn, zentrales Nervensystem, Nase, Augen, Ohren und Nebenhöhlen.
- Das **Kronenchakra** (Scheitelpunkt am Kopf) steht negativ für Krankheiten mit Anfällen und Krämpfen, Ängste und Apathie, positiv für Einheitsbewusstsein und Ausgeglichenheit, organisch für Großhirn und Immunsystem.

Im Gegensatz zu uns Menschen haben Tiere noch ein achtes Hauptchakra, das **Schlüssel- oder Brachialchakra.** Es liegt beidseitig auf der vorderen Kante des Schulterblattes (Schulterkuhle) und ist vorrangig für die Instinkte und die Beziehung zum Menschen zuständig. Dieses Chakra hilft ihnen, in Kontakt und Kommunikation mit ihrer Umgebung und somit auch mit uns zu bleiben, und verbessert die Bindung. Auf organischer Ebene sind ihm Kopf, Hals, Brust und Vorderläufe zugeordnet.

Hat das Schlüsselchakra zu wenig Energie, kann sich das in Angst vor menschlichem Kontakt oder Berührung ausdrücken. Wenn es in seiner Funktion harmonisch ist, profitieren alle anderen sieben Hauptchakras sowie die Bindung zwischen dir und deinem Tier.

Über dieses Zentrum ist es möglich, einen energetischen Ausgleich zwischen über- und unterversorgten Chakras im übrigen System zu vermitteln. Mit dieser zentralen Rolle bietet es eine wertvolle Möglichkeit für den Beginn der energetischen Chakraarbeit. Für die Quantenfeldharmonisierung legst du beide Hände auf das entsprechende Schulterblatt. Das geht in der Fernanwendung auch am visualisierten Tierkörper.

Hältst du im reinen, offenen Seinszustand das Schlüsselchakra bei deinem Tier, kannst du leichter in den medialen Austausch gehen. Du begrüßt dein Tier liebevoll, hältst an einer oder an beiden Seiten das Chakra, lässt Lebensenergie fließen und stellst deine Frage. Die könnte z. B. lauten: »Was darf ich für dich tun?«, »Wie kann ich dich unterstützen?«, »Möchtest du mir etwas mitteilen?« Achte auf die Antwort, die über deine Hellwahrnehmung zu dir kommt.

Anhand der zugeordneten Themen ist dir wahrscheinlich klar, an welchem Chakra du arbeiten möchtest. Sonst erhältst du über die innere Wahrnehmung meist einen Hinweis, welches Kraftzentrum einen Ausgleich benötigt. Oftmals können wir darüber gut Spiegelthemen erkennen, ist doch unser Tier mit seiner feinen Aura eng mit unserem System verbunden. Da Energie sich immer den Weg zum höchsten Wohl sucht, kannst du auch alle Chakras einmal ausgleichen.

Mit dem Energieausgleich kannst du dein Tier wundervoll unterstützen, in eine emotionale und damit auch körperliche Balance zu kommen. Hellsichtige Wahrnehmungen während der Behandlung können dir weitere Informationen zu dem Chakra offenlegen. Vielleicht siehst du innere Bilder oder weißt plötzlich, wo die Ursprünge von Ängsten liegen.

··· ANWENDUNG ···

Lege je eine Hand auf das auszugleichende und auf das Gegenchakra bzw. halte sie darüber. Für das Herzchakra legst du beide Hände in den Bereich des Herzraums deines Tieres, eventuell eine von vorn und eine von hinten. Bei der Fernanwendung hilft es, sich das Tier vorzustellen und die Hände über den visualisierten Tierkörper zu legen.

Komme in den reinen Bewusstseinszustand, und sprich: »Ich bitte um Harmonisierung der Chakras. Jetzt. Danke, dass Ausgleich und Heilung stattgefunden haben.« Empfinde Dankbarkeit, und halte deinen Fokus auf beide Hände gleichzeitig.

Bleibe so lange im gedankenleeren, beobachtenden Zustand, bis du den Impuls hast, dass du die Behandlung beenden kannst.

Wenn du schon geübter im reinen Bewusstseinszustand bist, kannst du alle Chakras deines Tieres zusammen in deine Themenhand legen und mit einem visualisierten Lichtstrahl, der deine Lösungshand mit der Urmatrix verbindet, zum höchsten Wohl ausrichten.

Eine belastende Situation harmonisieren

Manchmal entwickeln unsere Tiere plötzlich ein verändertes Verhalten, das sowohl uns als auch sie belastet. Beispielsweise möchte ein Hund nicht mehr über eine Türschwelle gehen oder meidet bestimmte Bereiche eures Zuhauses. Mit der Quantenfeldharmonisierung kannst du den Ursprung der Angst ausbalancieren. Vielleicht zeigen sich dir auch ganz praktische Lösungen, etwa, dass du einen Teppich an die Stelle am Boden legst.

Hier bietet sich die Zwei-Punkt-Methode über deine Handflächen oder die Herzraumübung an. Nimm dein Tier sowie die euch aktuell belastende Situation gedanklich in die Themenhand hinein. Denke einfach an Momente, in denen sich das Verhalten zeigt, und schicke das Bild in die Hand. Manchen fällt es leichter, einen Begriff zu verwenden. Du musst das Problem nicht haarklein schildern oder durchdenken. Dein höheres Bewusstsein gibt alle weiteren Informationen hinzu. Lasse dann ein Bild von der Situation aufkommen, wie du sie dir am schönsten und liebevollsten vorstellen kannst, und schicke es in die Lösungshand. Alternativ kannst du dich auf das höchste Wohl ausrichten. Dann gibt nicht dein Verstand die Lösung vor, sondern das höchste Bewusstsein. Daher kann sie anders ausfallen, als du gedacht hast. Vertraue darauf, dass das, was geschieht, richtig ist.

ANWENDUNG

Gehe in einen entspannten Zustand, und definiere den Ist- und den Sollpunkt. Schicke die belastende Situation in die Themenhand und den erwünschten Zustand in die Lösungshand.

Sprich die folgende (oder eine andere, für dich passende) Affirmation: »Ich bitte um Lösung der Situation und um Ausrichtung ans höchste Wohl für uns. Danke, dass sich die Situation bereits gelöst und harmonisch geklärt hat. Danke, danke, danke.«

Gehe in einen gedankenleeren Zustand, und sei dir gewiss, dass die Lösung bereits da ist. Bleibe im reinen Sein, und richte deinen Fokus dabei auf beide Hände gleichzeitig. Empfinde Liebe und Dankbarkeit.

Sobald sich die Hände gleich anfühlen oder du den Impuls bekommst, dass die Behandlung beendet ist, bedanke dich noch einmal, z. B. mit folgenden Worten: »Danke, dass sich alles zum höchsten Wohl ausgerichtet hat.«

Hinweis: Falls die Situation auch Dritte betrifft, z. B. einen Nachbarhund, ist es nach meinem ethischen Empfinden nicht übergriffig, ihn mit in die Themenhand zu geben, wenn du die Situation auf das höchste Wohl für alle Beteiligten ausrichtest. Das Universum wird eine Lösung finden, von der alle profitieren.

Quantenfeld-Harmonisierung am Tier

Bei einer Zerrung oder bei Verspannungen im Körper, einer kleineren Wunde und Insektenstichen, aber auch (parallel zur tierärztlichen, medikamentösen Begleitung) bei Arthrose oder Mauke kann es besonders wirksam sein, das Tier mit der Hand direkt an seinem Körper zu behandeln. So bringen wir körperliche Themen in Harmonie, betroffene Bereiche werden an den heilen Ursprungszustand erinnert, und die Selbstheilung wird aktiviert. Das kann den Heilungsverlauf verbessern.

Wenn dein Tier die direkte Berührung zulässt, kannst du es also über zwei Punkte am Körper in die Quantenfeldharmonie bringen. Lege beide Hände flächig auf, bei kleineren Tieren reichen zwei Finger. Bei großen Tieren liegen Themenpunkt und Lösungspunkt eventuell zu weit auseinander, um sie gleichzeitig zu berühren. Suche dir dann einen stimmigen Punkt im Energiefeld des Tieres, der den Sollzustand repräsentiert, und synchronisiere den betroffenen Bereich damit.

··· ANWENDUNG ···

Lege die Themenhand (bzw. den Finger) auf die Körperstelle, an der dein Tier die Beschwerde hat. Finde mit der Lösungshand eine andere Stelle, die in Harmonie und beschwerdefrei ist, und lege sie dort auf. Übe keinen Druck aus. Du brauchst das Tier nur sanft zu berühren oder die Hände sogar bloß knapp über dem Körper schweben zu lassen, um im Energiefeld zu arbeiten.

Komme in einen ruhigen und emotional ausgeglichenen Zustand.

Richte deinen Fokus auf die Themenhand. Du musst das Problem nicht ausführlich benennen, es reicht, wenn du dir für ein paar Sekunden der Hand und des zu harmonisierenden Bereichs bewusst wirst.

Sprich laut oder in Gedanken folgende Affirmation: »Ich bitte um den zu hundert Prozent heilen Ursprungszustand. Danke, dass Heilung und Harmonie stattgefunden haben. Danke, dass sich bereits alles zum höchsten Wohl ausgerichtet hat. Danke, danke, danke.«

Lasse gedanklich los, und verbinde dich mit dem höchsten Bewusstsein, indem du deinen Fokus auf beide Hände gleichzeitig richtest und abwartest, bis sie sich gleich anfühlen und die Körperbereiche sich synchronisiert haben. Gehe davon aus, dass die Heilung bereits stattgefunden hat, und empfinde Erleichterung und Dankbarkeit.

Hinweis: Achte darauf, dass du und dein Tier gut und sicher steht, sitzt oder liegt und dass es euch jederzeit gut geht bei dieser Anwendung. Sicherheit geht vor. Besonders bei einem größeren Tier wie einem Pferd solltest du nicht so stehen, dass es nach dir austreten kann. Die Energiewelle kann das Tier überraschen und zu Abwehrreaktionen führen. Wenn dein Tier unruhig wird oder die direkte Berührung nicht mag, gehe zur Fernbehandlung über, indem du deine beiden Hände als stellvertretende Punkte benutzt.

Die Tier-Mensch-Bindung fördern

Nahezu alle Tierbesitzerinnen und -besitzer kennen diese besondere, enge Verbundenheit mit ihrem Tier. Oftmals ist über die Jahre eine echte Seelenverbindung gewachsen, in der man sich förmlich »ohne Worte« versteht und einander lesen kann. Ein Gedanke genügt, und man weiß über die Tagesstimmung, körperliche Beschwerden oder aktuelle Bedürfnisse und Wünsche des Tieres Bescheid. Das Band zwischen Mensch und Tier ist so fest geknüpft, dass es wie eine stabile mediale Dauerleitung funktioniert.

Dieses Selbstverständnis und diese tiefe Bindung kannst du mit der Quantenfeldharmonisierung unterstützen. Das kann vor allem bei jungen oder gerade neu eingezogenen Tieren die Kommunikation auf allen Ebenen fördern und ein achtsameres Miteinander ermöglichen. Dadurch erschaffst du eine Begegnung auf Augenhöhe, von Seele zu Seele, in der dein Tier sich im Alltag führen lassen und mitteilen kann.

··· ANWENDUNG ···

Sorge für einen stabilen Stand oder Sitz. Lege eine Handfläche seitlich auf die Schulter deines Tieres, die andere Hand auf die gegenüberliegende Schulter. Bei kleinen Tieren genügt ein Finger, bei größeren oder scheuen Tieren kannst du den Körper visualisieren und die Hände entsprechend platzieren.

Sprich in Gedanken oder laut die Affirmation: »Ich bitte um die reinste und tiefste Ebene des Verstehens und des Verständnisses zwischen uns. Ich bitte um den vollkommen heilen Ursprungszustand der Situation und eine harmonische Bindung. Danke, dass das Vertrauen zwischen uns tief und selbstverständlich ist. Danke für dich und dafür, dass wir einander lesen und verstehen können mit all unseren Wünschen und Bedürfnissen. Danke für unsere Klarheit, Achtsamkeit füreinander und unsere bedingungslose Liebe. Danke, danke, danke.«

Lasse gedanklich los, und begib dich für einen Moment in einen gedankenleeren Bewusstseinszustand. Halte beide Hände gleichzeitig im Fokus, bis du den Impuls verspürst, sie herunternehmen zu können.

Schließe diese Anwendung mit folgenden Worten ab (oder fühle nach, was du sagen möchtest): »Danke für unsere tiefe Verbindung und unser mediales Verstehen, das immer möglich ist, über jede Entfernung hinweg, und so lange sein darf, wie es gut und richtig für uns beide ist.«

Allergien und chronische Krankheiten

Indigene Heilerinnen und Heiler gehen davon aus, dass bei einem körperlichen Ungleichgewicht oder einer Krankheit immer eine emotionale, seelische Ursache zugrunde liegt. Bei der Quantenfeldharmonisierung können sich Auslöser zeigen, die im Unterbewusstsein liegen. Besonders bei Futtermittelunverträglichkeiten, Allergien, Anfällen und chronischen Beschwerden, die trotz guter Diagnostik nicht verschwinden wollen, ist es einen Versuch wert, die Quantenfeldharmonisierung als Begleitmaßnahme einzusetzen. Vielleicht bringt sie die entscheidende Wendung, weil sie die betroffenen Bereiche an den heilen Ursprungszustand erinnert. Zumindest aber sorgt sie durch die Anbindung an das höhere Bewusstsein für inneren Frieden und Entspannung, sodass dein Tier besser mit der Belastung umgehen kann. Und diese Ruhe kann die Selbstheilungskräfte noch einmal stärken. Vielleicht erhältst du auch während oder nach der Behandlung Informationen zum dahinterliegenden Thema.

··· ANWENDUNG ···

Lege deine Themenhand für den Istzustand dort an dein Tier, wo es dich intuitiv hinzieht oder wo es dir dein Tier zeigt. Gib gedanklich die Beschwerde in die Themenhand.

Bringe die Lösungshand, den Sollzustand, an die Stelle, an die du im Energiefeld oder am Körper des Tieres geführt wirst. Falls du nicht sofort einen passenden Punkt findest, sprich laut oder in Gedanken aus, dass dein Bauchgefühl ihn dir jetzt zeigen soll.

Sobald du beide Stellen gefunden hast und deine Hände positioniert sind, sprich folgende Affirmation: »Ich bitte um vollständige Heilung und um Erinnerung an den vollkommen heilen Ursprungszustand. Ich bitte auch darum, mir das seelische Ungleichgewicht zu zeigen, das mitschwingt. Danke für den heilen Urzustand. Danke, dass bereits alles vollständig in Licht und Liebe gelöst ist. Danke, danke, danke.«

Empfinde Dankbarkeit und Erleichterung darüber, dass alles getan und gelöst ist. Stelle dir den Sollzustand so deutlich wie möglich vor.

Begib dich in das Bewusstsein des reinen Seins. Fühle dich mit dem Ursprung, der Quelle und dem gesunden Körper deines Tieres verbunden. Richte deinen Fokus auf beide Hände gleichzeitig, bis du wahrnimmst, dass der Abgleich geschehen ist, oder sich beide Hände gleich anfühlen.

Sage zum Abschluss: »Danke, dass Heilung stattgefunden hat. Danke, dass alles, Körper, Geist und Seele, in Harmonie und Balance ist.«

Streiche, wenn es stimmig ist, den Körper deines Tieres nach hinten hin aus, und schüttle deine Hände in der Luft vorsichtig aus. So trennst du dich wieder vom Energiefeld des Tieres.

Die Information von Mineralstoffen und Vitaminen

Unsere Tiere brauchen, genau wie wir, eine ausgewogene Versorgung mit Vitaminen, Mineralstoffen und Spurenelementen. Sie halten das Immun- und das Nervensystem fit und helfen, Erkrankungen vorzubeugen. Besteht ein Mangel, kann sich das sowohl physisch als auch psychisch auswirken.

Sicherlich achtest du darauf, dein Tier bestmöglich zu versorgen. Doch durch verschiedene Umweltfaktoren oder körperliche Besonderheiten kann es vorkommen, dass die Nährstoffe zwar aufgenommen, aber nicht gut verwertet werden. Es fehlt die Verbindung zur ursprünglichen Information der Mineralien und Vitamine.

Laut der Homöopathie besteht alles aus Frequenzen und Schwingungen und kann auf dieser Ebene wirken. Das Prinzip kannst du nutzen, um dein Tier mit einem feinstofflichen Anstoß in einen körperlich ausgeglichenen Zustand zu bringen. Diese Anwendung ersetzt natürlich keine medizinische Untersuchung oder verschriebene Nahrungsergänzungen, bietet aber eine wertvolle Ergänzung. Handle dabei verantwortlich, und lasse im Zweifel von einem Fachmenschen untersuchen, ob dein Tier Mangelerscheinungen aufweist.

Mit der Quantenfeldharmonisierung gibst du dem System deines Tieres die Möglichkeit, in Verbindung mit der Urmatrix auf die ursprüngliche Information von Mineralien und Vitaminen zuzugreifen.

··· ANWENDUNG ···

Lege deine Themenhand an einer Stelle auf das Tier, die sich für dich richtig anfühlt. Oft ist dies an der Seite oder auf dem Rücken.

Lege die andere Hand für den Sollzustand flach auf den Boden, idealerweise draußen in der Natur. Komme zur Ruhe, und konzentriere dich auf deinen gleichmäßigen, ruhigen Atem.

Sprich: »Ich bitte um die Integration der Urinformation aller Vitamine, Spurenelemente sowie Nähr- und Mineralstoffe, die der Körper und das System von … (Name deines Tieres) aktuell braucht. Jetzt! Danke, dass die Integration bereits stattgefunden hat. Danke, danke, danke.«

Versetze dich in den reinen Bewusstseinszustand, indem du dich auf beide Hände gleichzeitig fokussierst. Lasse Bewegungen und Energieströme zwischen deinen Händen zu, falls du sie spürst.

Sobald du den Impuls hast, die Übung zu beenden, nimm deine Hände von deinem Tier und vom Boden oder bringe sie zusammen. Wenn du möchtest, kannst du auch noch durch die Aura deines Tieres streichen.

Schüttle deine Hände aus.

Seelenanteile deines Tieres wieder integrieren

Schamanisch Praktizierende glauben, dass sich bei einem traumatischen Erlebnis ein Teil von der Seele abspaltet, um sich in Sicherheit zu bringen bzw. unserem System zu helfen, den Schock aushalten zu können. Das ist erst einmal ein Schutzmechanismus. Dadurch zieht sich aber auch Lebensenergie zurück, und es entsteht eine Art Lücke im Energiefeld. Daraus können sich Unsicherheiten, Ängste oder Krankheiten entwickeln. Zieht sich zu viel Lebensenergie zurück, kann ein Tier sogar daran sterben. Bei kleineren Traumata findet die Reintegrierung meist über die Selbstheilung von allein statt: Tiere schütteln sich und bringen ihr Energiesystem so wieder in Bewegung. Sie schütteln förmlich den Stress ab.

Im Rahmen einer Seelenreise begeben Schamanen sich in die Anderswelt, um solch einen Seelenteil aufzuspüren, zu heilen, zu integrieren und die Lebensenergie wieder vollständig ins Fließen zubringen.

Wir können auch mit der Quantenfeldharmonie arbeiten, indem wir eine Brücke zum heilen Urzustand bauen. Dazu müssen wir nicht unbedingt wissen, was das Trauma ausgelöst hat. Je geübter du in medialer Arbeit bist, desto mehr Informationen wirst du während des Prozesses empfangen. Ich nehme die eingefrorene Lebensenergie z. B. in den Farben desjenigen Chakras wahr, das durch das Trauma betroffen war, und kann davon auf das Thema schließen. Das höhere Selbst des Tieres entscheidet, inwieweit es das Ereignis wieder ins Bewusstsein holen und die zuvor abgespaltene Lebensenergie integrieren kann.

Die Übung selbst erfordert keine medialen Fähigkeiten. Es kann jedoch zusätzlich hilfreich sein, zu wissen, was gerade geschieht und wo möglicherweise der Ursprung oder Auslöser lag. Die Quantenfeldharmonie wirkt unabhängig davon zum höchsten Wohl des Tieres.

Die Arbeit kann dort beginnen, wo sie zuerst gebraucht wird. Ein schrittweises Vorgehen könnte notwendig sein, besonders, wenn das Tier viele traumatische Erlebnisse hatte. Wenn du weißt, dass dein Tier durch schwierige Lebensstationen wie Tierheimaufenthalte, Halterwechsel oder Beißereien gegangen ist, die seelische Verletzungen bewirkt und sein Energiesystem geschwächt haben können, gibst du mit dieser Übung der Seele und dem Energiesystem einen Anstoß zur Wiederganzwerdung.

··· ANWENDUNG ···

Arbeite mit deinen beiden Handinnenflächen als Bezugspunkten. Stelle in die Themenhand gedanklich das Bild deines Tieres. Die Lösungshand verbindest du durch einen nach oben strahlenden Lichtstrahl mit der Urmatrix.

Sprich die Affirmation: »Ich bitte um den zu hundert Prozent heilen Ursprungszustand. Ich bitte um die Integrierung abgespaltener Lebensenergie, wie es jetzt gut und richtig für mein Tier ist. Danke, dass die vollständige Integrierung und die Erinnerung an den heilen Zustand stattgefunden haben. Danke, danke, danke.«

Lasse gedanklich los, und synchronisiere beide Hände. Empfinde Dankbarkeit, und stelle dir dein Tier in seiner vollen Lebensenergie und Kraft vor. Nimm an, dass alles so integriert ist, wie es sein darf.

Beende die Übung, sobald der Impuls dazu kommt. Sage zum Abschluss, um die bestmögliche Integration des Anteils zu festigen: »Willkommen zu Hause, sei von Herzen willkommen zurück! Danke, dass Heilung stattgefunden hat, danke, dass du wiedergekommen bist. Du bist in Sicherheit und geliebt.«

PLÄTZE HARMONISIEREN UND REINIGEN

Wenn du ein gebrauchtes Möbelstück in dein Zuhause bringst, kann es passieren, dass sich die Energie dort plötzlich verändert und es häufiger zu Konflikten kommt. Dann haften dem Einrichtungsgegenstand niedrige Schwingungen wie Streit, Missgunst oder Eifersucht von seinen Vorbesitzerinnen und -besitzern an und beeinflussen dich, deine Familie und Tiere. Oder an einer bestimmten Straße, die eigentlich sicher und gut einsehbar ist, geschehen immer wieder Unfälle, weil dort ein ungünstiges Resonanzfeld besteht.

In Bezug auf unsere Tiere kann die Harmonisierung von Liege-, Schlaf- oder anderen Plätzen von großer Bedeutung sein. Oftmals sorgen energetische »Fingerabdrücke« für Unruhe oder sogar Meideverhalten. Dies ist besonders relevant, wenn du in einem älteren Haus wohnst, in dem Tiere früher schlecht behandelt oder sogar getötet worden sind. Aber auch ein gebrauchter Hundekorb kann eine energetische Klärung benötigen, besonders für hochsensible und reizempfindliche Tiere. Auch das Anbringen eines Schutzzeichens oder eine feinstoffliche Abgrenzung helfen, wenn es beispielsweise im Stall zu Rangeleien mit Boxennachbarn kommt.

Um die Energien an einem bestimmten Ort auszubalancieren und energetisch zu reinigen, empfiehlt sich die Grundtechnik der Zwei-Punkt-Methode. Sie ermöglicht es dir, unabhängig von der Entfernung und Größe des Platzes zu arbeiten. Alternativ kannst du auch mit deiner Themenhand den Liege- oder Schlafplatz deines Tieres berühren, während die andere Hand intuitiv einen Lösungspunkt im Matrixfeld sucht.

··· ANWENDUNG ···

Nimm den Platz, den du energetisch reinigen und harmonisieren möchtest, als Istzustand in deine Themenhand. Visualisiere ihn so klar wie möglich.

Verbinde die Lösungshand mit der Schöpfung als Sollzustand durch einen reinen, goldenen Lichtstrahl, der nach oben ins Matrixfeld strahlt. Achte darauf, ob sich deine Handflächen unterschiedlich anfühlen.

Sprich: »Ich bitte um vollkommene energetische Reinigung und Klärung, um Balance und Harmonie für ... (benenne den Platz, um ein inneres Bild zu erzeugen). Danke, dass die energetische Reinigung und Ausrichtung zum höchsten Wohl stattgefunden haben. Danke, dass alle störenden, hinderlichen, niedrigen Fremdenergien gelöst und transformiert sind. Danke, danke, danke.«

Lasse deine Gedanken los, und gehe in den reinen Seinszustand, indem du dich auf beide Hände gleichzeitig konzentrierst. Halte die Verbindung, bis du spürst, dass die Quantenfeldharmonie hergestellt ist. Nun sollten sich deine Hände gleich anfühlen. Lasse Dankbarkeit und das Gefühl, dass alles gereinigt und lichtvoll ausgerichtet ist, in dir aufsteigen.

Beende die Übung mit den Worten: »Danke, dass alles zum besten Wohl erledigt ist.«

Hinderliche Glaubenssätze positiv wandeln

Glaubenssätze sind unterbewusste Überzeugungen, die wir über uns selbst haben. Ihr Ursprung liegt meist in der Kindheit, und sie bestimmen unser Denken, Fühlen und Handeln. Sind sie negativ, hindern sie uns oft daran, uns selbst zu verwirklichen, gesund und glücklich zu sein.

Auch unsere Tiere können hinderliche Glaubenssätze verinnerlicht haben, die sich negativ auf ihr Verhalten auswirken. Dies geschieht häufig, wenn sie in ihrer Kindheit (Welpen-, Kitten-, Fohlenzeit) unangenehme und prägende Erfahrungen gemacht haben. Meist geht das mit einem Trauma einher, sodass neben der Integrierung des verlorenen Seelenanteils ein Glaubenssatz gewandelt werden darf. Solche Erfahrungen können dazu führen, dass Tiere glauben: »Ich bin nicht gewollt und werde ohnehin wieder abgegeben«, »Auf meinen Menschen kann ich mich nicht verlassen, ich muss das allein regeln«, oder: »Ich bin es nicht wert, geliebt zu werden.« Das kann ihr emotionales Ankommen in der Mensch-Tier-Beziehung verhindern.

Diese Glaubenssätze prägen zumindest als Emotion das Verhalten deines Tieres. Es kann sein, dass du bei der Quantenfeldharmonisierung Worte wahrnimmst, die solch eine Prägung ausdrücken und die du vielleicht auch einem bestimmten Erlebnis zuordnen kannst. Formuliere den Glaubenssatz dann ins Positive um. Du kannst die neue Affirmation auch z. B. auf einen Zettel schreiben und für eine gewisse Zeit, solange es sich richtig anfühlt, unter den Schlafplatz deines Tieres legen.

··· ANWENDUNG ···

Finde intuitiv die richtigen Punkte am Körper deines Tieres für deine Themen- und deine Lösungshand. Nimm dir Zeit, bis es sich stimmig anfühlt.

Sprich dann die Affirmation: »Ich bitte um Informationen zu einem hinderlichen Glaubenssatz meines Tieres, zu einer noch nicht befreiten Emotion. Ich bitte um vollständige Wandlung und die Erinnerung an den vollkommen heilen Urzustand. Danke, dass das Thema vollständig gelöst ist. Danke, dass dieser Glaubenssatz nun ins Positive gewandelt verankert wurde. Jetzt! Danke für das höchste Wohl und für innere Balance und Frieden.«

Lasse dann gedanklich los, und tritt für einen Moment in einen gedankenleeren, reinen Bewusstseinszustand ein. Lenke deine Aufmerksamkeit auf beide Hände gleichzeitig, und halte diesen Fokus, bis du spürst, dass die Zustände synchronisiert sind, oder eine energetische Welle wahrnimmst. Atme tief aus.

Sage zum Abschluss: »Es ist transformiert«, und an dein Tier gerichtet: »Du bist geliebt, du bist richtig und wichtig. Ich sehe dich.«

Empfinde Dankbarkeit und Leichtigkeit. Wenn dir eine Information, Worte oder ein inneres Bild in den Sinn kommen, notiere sie. Möglicherweise kannst du sie mit etwas Abstand bei einer weiteren Quantenfeldharmonisierung als positiv umformulierten Satz in das Energiefeld deines Tieres geben.

Harmonie im Inkarnationsfeld

Ich glaube, dass wir nicht nur ein Leben haben, sondern unsere Seele immer wieder auf die Erde kommt, um Erfahrungen zu sammeln und sich weiterzuentwickeln. Vielleicht glaubst du das auch, vielleicht auch nicht. Aber lass es uns einfach einmal annehmen. Wenn wir davon ausgehen, dass wir schon öfter inkarniert waren, könnten wir in einem früheren Leben etwas mit Tieren getan haben, was ihnen Leid zugefügt hat.

Dadurch entstand ein Ungleichgewicht, das zu Blockaden, Schuldgefühlen oder anhaltenden negativen Emotionen führt, weil es im Inkarnationsfeld weiter mitschwingt. Das Universum strebt stets nach Balance, weshalb es darauf drängt, alles Karmische auszugleichen. Daher kann es wichtig sein, erneut hinzuschauen und in die Vergebung zu gehen, um Harmonie zu schaffen.

Unsere Tiere sind oft eng mit unserem Seelenplan verknüpft und tragen dieses Ungleichgewicht stellvertretend für uns mit. Es muss also nicht so sein, dass wir in unserer damaligen Inkarnation ihnen in ihrer damaligen Inkarnation etwas angetan haben. Es kann einfach darum gehen, wie wir allgemein mit Tieren umgegangen sind.

Wenn bei deinem Tier ein nicht erklärbares Verhalten oder Symptom (auch Anfälle oder chronische Krankheiten) auftritt, könnte es hilfreich sein, am Karma zu arbeiten. In meiner Arbeit mit Menschen und Tieren bitte ich oft darum, zum Ursprung eines Themas geführt zu werden. Häufig findet er sich in einem früheren Leben, wo ein Erlebnis zu einer starken und nicht befreiten Emotion führte. Mit dieser Übung kannst du die Ungleichgewichte zwischen Mensch und Tier, die in deinem Inkarnationsfeld mitschwingen, in Balance bringen.

··· ANWENDUNG ···

Lege deine Themenhand auf den oberen Rücken deines Tieres, etwa zwischen den Schulterblättern, und die Lösungshand auf seinen Herzraum.

Alternativ: Lege deine eigene und die Ahnenlinie deines Tieres über alle Zeitalter hinweg in die Themenhand. Verbinde die Lösungshand über einen visualisierten Lichtstrahl mit der Schöpfung, der Urmatrix.

Sprich folgende Affirmation: »Ich bitte um heilsame Ausrichtung unserer Ahnen- und Seelenlinien über alle Zeitdimensionen hinweg. Ich bitte um Ausrichtung zum höchsten Wohl. Alle Emotionen dürfen wieder in ihren natürlichen Fluss kommen. Alles ist lichtvoll vergeben, verstanden und transformiert. Ab jetzt ist jedes erlebte Ungleichgewicht ausbalanciert. Wenn es nötig ist, dass ich etwas über den Ursprung erfahre, bitte ich um Informationen darüber. Ich vergebe dir, und du vergibst mir. Alles wird in Liebe zum höchsten Wohl gelöst. Ich danke dir von Herzen. Ich liebe mich, und ich liebe dich. Danke, danke, danke.«

Gehe in einen gedankenleeren Bewusstseinszustand, und halte die Aufmerksamkeit auf beide Hände gleichzeitig, um die Zustände zu synchronisieren. Wenn sich deine Hände gleich anfühlen oder du den Impuls spürst, sie herunterzunehmen und tief auszuatmen, lasse die dankbare Gewissheit in dir aufsteigen, dass alles gelöst, lichtvoll und in Harmonie und Frieden transformiert ist.

Energetischer Schutz für dein Tier

Es gibt Situationen, in denen unsere Tiere verletzlicher wirken, weil viele Informationen und Energien von außen auf sie einprasseln. Diese können sie schwächen und herunterziehen. Das kann bei Turnieren, in großen Menschenansammlungen oder in einer vollen Tierklinik der Fall sein. Diese Reizüberflutung kann sich auch körperlich äußern, etwa durch innere Unruhe und langfristig z. B. durch Hautreaktionen oder ein geschwächtes Immunsystem.

Mit dieser Übung bauen wir gezielt einen energetischen Schutzschirm für sie auf. Das hilft ihnen, in schwierigen Situationen besser bei sich selbst zu bleiben, sich abzugrenzen und ihre eigene Kraft zu bewahren. Insbesondere hochsensitive Hunde und sensiblere Pferde profitieren davon. Auch beim Transport von adoptierten Hühnern in einem vollen Transporter hat es sich als hilfreich erwiesen, ihnen mental aus der Ferne einen inneren Halt zu bieten, um ihren Stresslevel zu senken.

Der wichtigste Aspekt dabei ist die Verbindung zu unserem Seelenwissen und unserer Intuition. Diese innere Führung hilft uns, zu erkennen, welche Energien, Gedanken und Gefühle zu uns gehören und was von außen kommt und uns nicht guttut.

··· ANWENDUNG ···

Nimm dein Tier zwischen deine beiden Hände. Mit einer Tiergruppe kannst du das gedanklich machen, bei größeren Tieren hältst du deine Hände am besten links und rechts vom Hals mit etwas Abstand zum Körper im Aurafeld. Deine Themenhand wird die richtige Stelle intuitiv finden. Die Lösungshand bleibt auf der gegenüberliegenden Seite liegen. Achte darauf, dass du eine stabile Position im Stehen oder Sitzen einnimmst. Alternativ kannst du dein Tier auch zwischen deinen Händen visualisieren.

Sprich: »Ich bitte um einen prächtigen, lichtvollen und starken energetischen Schutzmantel für ... (Name deines Tieres, Beschreibung der Tiergruppe), solange es für die Situation richtig und wichtig ist. Danke, dass er jetzt alles vollständig abschirmt, und für den wunderbaren Halt, den er bietet. Danke, danke, danke.«

Stelle dir vor, wie dieser Mantel sich um dein Tier legt und dessen inneren Halt stärkt. Nimm an, dass sein Schutz bereits energetisch ausgebreitet ist. Bleibe im reinen Bewusstsein und in der Gedankenleere, und synchronisiere deine Hände. Sobald sie sich gleich anfühlen oder du keine Bewegung mehr zwischen ihnen spürst, kannst du sie senken und in die Dankbarkeit gehen.

Du kannst diese Übung in Wochen- oder Monatsabständen wiederholen, wenn es dir notwendig erscheint oder wenn eine besondere Situation bevorsteht.

Wenn dein Tier trauert

Auch Tiere trauern. Das ist völlig normal, wenn sie z. B. einen tierischen Gefährten verlieren, ihren Lebensort wechseln oder ihren vorherigen Halter verabschieden müssen. Es ist wichtig, dass dein Tier trauern darf. Eine zu starke, langanhaltende Trauer kann sich allerdings negativ auf Körper und Seele auswirken. Du kannst dein Tier unterstützen, indem du ihm mit der Quantenfeldharmonie Annahme, Ruhe und Zuversicht bringst. Sei für dein Tier da, und gib ihm Halt und Liebe.

··· ANWENDUNG ···

Lege deine Themenhand seitlich auf den vorderen Oberarmknochen deines Tieres, vor dem Beginn des Brustkorbes. Nimm die Seite, die das Tier dir jetzt zuwendet oder die zu dir zeigt.

Mit der Lösungshand suchst du im Energiefeld vor dir einen stimmigen Punkt. Richte deine Aufmerksamkeit erneut auf die Themenhand und die Trauer deines Tieres, und halte deine Gedanken dazu in dieser Hand.

Gehe in den Zustand des reinen Seins, und sprich oder denke folgende Affirmation: »Ich bitte um Kraft und Zuversicht für mein Tier. Ich bitte um Erinnerung an den vollkommen ausbalancierten, harmonischen Urzustand. Es ist gelöst. Danke, dass heilsames Loslassen und die Wandlung der Trauer stattgefunden haben.«

Lasse gedanklich los, und halte beide Hände gleichzeitig im Fokus. Wenn du eine energetische Welle verspürst, nimm die Hände wieder herunter oder führe sie kurz zusammen, und atme tief aus.

Sage: »Danke, dass sich neues Wohlbefinden und Zuversicht eingestellt haben. Danke, danke, danke.«

Streiche sanft mit deinen Händen über dein Tier, und erkläre ihm, dass es trauern darf, dass du es verstehst und für es da bist. Dein Tier kann deine inneren Worte, Bilder und Gefühle empfangen und die Wärme deiner Hände dankbar annehmen.

Wenn du dich mit Homöopathie auskennst, kannst du den Prozess zusätzlich mit feinstofflichen Mitteln wie der passenden Bachblüte unterstützen.

Ein neues Tier zieht ein

Wenn ein Tier bei uns einzieht, ist erst einmal alles fremd – für das neue Familienmitglied, aber auch für die bisherigen. Gerade, wenn schon andere Tiere bei uns wohnen, müssen sie sich erst einmal daran gewöhnen, dass neue Gerüche und Geräusche da sind, sie ihre Räume und unsere Aufmerksamkeit eventuell teilen oder verteidigen müssen. Für den Neuankömmling ist sowieso alles aufregend, und mit einem energetischen Willkommen erleichterst du ihm das Einleben ungemein. Dasselbe gilt z. B. für Pferde, die den Stall wechseln müssen.

Die Zwei-Punkt-Methode ist optimal geeignet, den Einzug des neuen Tieres vorzubereiten und sowohl dieses als auch das bestehende Rudel oder die Familie schon im Voraus harmonisch auszurichten.

Es ist durchaus möglich, dass du bei der Anwendung der Quantenfeldharmonie spürst, dass es noch etwas braucht oder sich die Situation nicht stimmig anfühlt. In diesem Fall kannst du die Methode mehrfach anwenden oder dir externe Hilfe und Rat einholen. Achte stets auf deine Wahrnehmungen, und bleibe achtsam im Umgang mit allen Beteiligten.

··· ANWENDUNG ···

Setze dich stabil hin. Halte beide Hände mit den Innenflächen nach oben ausgestreckt vor dich. In die Themenhand (Istzustand) schickst du gedanklich das Tier, das einziehen wird, indem du es vor dir siehst und seinen Namen nennst. Alternativ kannst du auch alle Tiere, die zusammenleben werden, in die Hand nehmen.

In die Lösungshand (Sollzustand) nimmst du mit einem warmen Gefühl ein Bild davon, wie du dir das Zusammenleben von Herzen wünschst. Stelle dir verschiedene Szenen vor, in denen das neue Tier sich wohlfühlt, gut integriert ist und alle Beteiligten glücklich sind.

Sprich dann die folgende oder eine an deine Situation angepasste Affirmation: »Ich bitte um das höchste Wohl und um eine vollkommen harmonische Ausrichtung für … (Name des Tieres) und alle, die hier leben. Ich bitte um den zu hundert Prozent heilen, harmonischen Zustand und die natürliche Ordnung. Danke, dass sich alles bereits zum Besten ausgerichtet hat. Danke für die göttliche Führung und Harmonie. Danke, danke, danke.«

Lasse dann gedanklich los, und gehe für einen Moment in einen gedankenleeren, reinen Bewusstseinszustand. Konzentriere dich auf beide Hände, bis du den Impuls spürst, dass du die Verbindung nicht mehr halten musst und die Quantenfeldharmonie hergestellt ist. Rufe dir das gewünschte Bild wieder vor Augen, und fühle, dass alles genau so schon da ist! Bedanke dich, und beende die Übung.

Hilfe beim Allein-bleiben-Können

Einige Hunde haben – trotz entsprechender Übungen – Probleme, entspannt eine kurze Zeit allein zu bleiben. Auch Pferden kann es schwerfallen, wenn ihr Pferdekumpel zum Ausritt abgeholt wird und sie allein im Stall oder auf der Weide bleiben sollen. Katzen können ebenso Unmut und Ängste zum Ausdruck bringen. Das ist eine große Stresssituation sowohl für das Tier als auch für die Menschen.

Viele Haustierarten sind von Natur aus Rudeltiere, doch in unserem Alltag gibt es Momente, in denen es nötig ist, dass sie allein abwarten. Individuelle Wesenseigenschaften oder frühere Erlebnisse, Verlustängste und Traumata des Tieres spielen mit hinein, wie es damit umgehen kann. Es gibt Hunde, die meinen, die Führung ihres Menschenrudels innehaben zu müssen, und ihren Frust über fehlende Kontrolle mit Zerstörungswut oder durchgehendem Bellen deutlich machen. Pferde versuchen vielleicht, ihren Artgenossen zu folgen, was Verletzungen und andere Gefahren mit sich bringen kann.

Neben Auslastung, Kommunikation und gezieltem Training kann die Quantenfeldharmonie auf Energieebene Balance schaffen und unterstützen, damit die äußeren Maßnahmen besser greifen. Zumindest kann sie deinem Tier innere Gelassenheit und Entspannung vermitteln und das Quantenfeld auf Lösungsmöglichkeiten ausrichten.

··· ANWENDUNG ···

Hier bietet sich die Zwei-Punkt-Methode über deine Handinnenflächen an. Nimm dein Tier sowie die euch belastende Situation des Nicht-Allein-bleiben-Könnens gedanklich in die Themenhand. Denke kurz an entsprechende Momente und das Verhalten deines Tieres. Dieses Bild ist dein Istzustand.

Die Lösungshand verbindest du mit einem lichtvollen Strahl nach oben mit der Schöpfung, der Urmatrix. Visualisiere und fühle diese Verbindung so deutlich wie möglich. Du kannst auch das gewünschte Bild eines entspannten Abwartens deines Tieres hineingeben.

Sprich: »Ich bitte um Harmonie für die Situation und um Ausrichtung auf das höchste Wohl für uns. Ich bitte um Erkenntnis der Ursache und um Zuführung einer Lösungsmöglichkeit. Danke, dass sich die Situation bereits gelöst und harmonisch geklärt hat. Danke, dass ... (Name deines Tieres) diese Zeit ruhig und entspannt abwarten kann und in der Zuversicht bleibt. Danke, danke, danke.«

Gehe in den gedankenleeren Seinszustand. Richte deinen Fokus auf beide Hände gleichzeitig, und synchronisiere die Felder. Sobald sie sich gleich anfühlen oder du den Impuls bekommst, dass die Ausrichtung beendet ist, bedanke dich noch einmal, z. B. mit folgenden Worten: »Danke, dass mein Tier in diesen Situationen entspannt ist.« Nimm an, dass alles gelöst und harmonisiert ist, und lasse ein dankbares Gefühl in dir aufsteigen.

Situationen im Voraus harmonisch ausrichten

Wenn außergewöhnliche Ereignisse bevorstehen, kreisen unsere Gedanken oft tagelang darum. Wir sind nervös, unsicher und angespannt. Das können Fahrten in der Transportbox oder z. B. dem Pferdeanhänger, Tierarztbesuche, eine Urlaubsbetreuung oder Operationen sein. Unsere Tiere merken das sofort und übernehmen unsere Unruhe und unsere inneren Bilder. Das macht die ganze Situation nur noch komplizierter und stressiger für alle Beteiligten.

Mit der Quantenfeldharmonisierung kannst du das Geschehen bereits im Vorfeld auf das höchste Wohl ausrichten und bringst sowohl dir selbst als auch deinem Tier Ruhe. Da die Matrix eine zeitlose Ebene ist, ist es in ihr möglich, Situationen, die in unserer linearen Zeitdimension noch nicht eingetreten sind, zu harmonisieren.

Es ist hilfreich, vorab genau auf deine inneren Bilder zu achten und diese gegebenenfalls bewusst zu verändern. Dein Tier nimmt dich und deine Gedanken und Emotionen genau wahr und reagiert darauf. Wenn du achtsam mit dir selbst umgehst, kannst du viel bewirken und gute Vorarbeit leisten, zusätzlich zur Quantenfeldharmonisierung.

··· ANWENDUNG ···

Arbeite mit der Zwei-Punkt-Methode und deinen Händen als Anker. In die Themenhand gibst du dein Tier und die bevorstehende Situation. Als Sollzustand nimmst du die Szene, wie sie idealerweise verlaufen soll. Stelle sie dir so deutlich wie möglich vor, und übertrage das Bild gedanklich in die Lösungshand. Alternativ kannst du auch die Schöpfung um das höchste Wohl bitten und auf die Lösung vertrauen, indem du die Hand über einen Lichtstrahl mit der göttlichen Ebene verbindest.

Sprich die folgende Affirmation: »Ich bitte um vollständige Lösung des Themas zum höchsten Wohl. Danke, dass die Situation sich bereits in den besten, heilen Zustand gewandelt hat. Danke. Es ist gelöst. Danke, danke, danke.«

Lasse los, gib dich dem Gefühl des reinen Seins hin, und fokussiere dich auf beide Hände gleichzeitig. Sobald du den Impuls spürst, dass sich beide Punkte verschränkt haben, und sich deine Hände gleich anfühlen, kannst du diese herunternehmen.

Gehe in die Annahme, dass die Situation jetzt optimal ausgerichtet ist, und empfinde Dankbarkeit und Glück.

QUANTENFELDHARMONIE ÜBER ZWEI GEDACHTE PUNKTE

Es ist möglich, die Quantenfeldharmonisierung durchzuführen, ohne deine Hände zu verwenden oder das Tier direkt zu berühren. Diese Methode kann in bestimmten Situationen sehr hilfreich sein, eignet sich aber eher für Fortgeschrittene. Dazu benutzt du zwei gedachte Punkte, die als Themen- und Lösungspunkt fungieren. Dabei ist es wichtig, dass du eine klare Absicht hast. Du kannst jedes Anliegen nutzen, das du in Harmonie und Balance bringen möchtest. Wähle eine positiv formulierte Affirmation oder eine allgemein gehaltene Intention.

··· ANWENDUNG ···

Achte darauf, dass du einen stabilen Stand, Sitz oder eine bequeme Liegeposition einnimmst, und lasse gedanklich zwei Punkte entstehen. Der eine Punkt repräsentiert das Thema, das du bearbeiten möchtest. Der Lösungspunkt ist entweder direkt mit der Schöpfungsmatrix oder dem Urzustand verbunden, oder er spiegelt die Herzenslösung wider, die du hineinlegst.

Synchronisiere beide Punkte, indem du gleichzeitig an sie denkst und in einen reinen Bewusstseinszustand eintauchst. Sprich deine Affirmation aus, und tauche in den reinen Bewusstseinszustand ein. Sobald du spürst, dass keine Energie mehr zwischen den beiden Punkten hin- und herspringt oder sich beide Punkte gleich anfühlen, bedanke dich und sage: »Danke. Es ist gelöst. Danke für den vollkommen heilen Ursprungszustand. Danke, danke, danke.«

Beispiel:
Diese Methode eignet sich z. B. für die Arbeit am Inneren Kind. Das ist der Teil in uns, der aufgrund unserer Erlebnisse in der Kindheit bestimmte Überzeugungen entwickelt hat und auf eine Weise fühlt, denkt und handelt, die unserem erwachsenen, vernünftigen Selbst eigentlich gar nicht entspricht. Es reagiert impulsiv, emotional und heftig. Besonders macht sich das Innere Kind bemerkbar, wenn Ängste aus der Kindheit getriggert werden wie die, verlassen oder verletzt zu werden.

Auch Tiere haben solch einen Seelenanteil, einen »Inneren Welpen«, ein »Inneres Fohlen« etc., der manchmal zu überschießenden Reaktionen führen kann wie Futterneid uns oder Artgenossen gegenüber. Möglicherweise spürt dieser Teil ein Mangelgefühl aufgrund unerfüllter Bedürfnisse nach Schutz, Sicherheit oder ausreichend Nahrung. Gib ihn in den Themenpunkt, und richte dich über den Lösungspunkt aus.

Wenn dir bei der Quantenfeldharmonisierung Eingebungen oder innere Bilder kommen, kannst du diese in den Lösungspunkt mit einfließen lassen. Zum Beispiel könnte ein Bild sein, dass es im Lösungspunkt jederzeit genügend Fürsorge, Liebe und Futter gegeben hat. Oder du könntest den Satz verwenden, dass dein Tier genau so, wie es ist, richtig, wundervoll und gut ist und bedingungslos geliebt wird.

Eine Narkose energetisch ausleiten

Tierkliniken nutzen modernste Methoden, wenn eine Operation notwendig ist. Dennoch sind der Eingriff und die Narkose eine Belastung für das Tier, besonders, wenn es schon älter ist oder Vorerkrankungen hat. Mit dieser Übung kannst du seinen Körper und Organismus unterstützen, alles auszuleiten, was nicht mehr benötigt wird. Das kann den Kreislauf stabilisieren und ihm helfen, sich schneller und umfassend zu erholen.

Du kannst die Übung sofort nach der Operation aus der Ferne durchführen, sobald du ein positives Gefühl dabei hast. Ist dein Tier wieder zu Hause, kannst du die Übung mit liebevollem Körperkontakt praktizieren.

· · · ANWENDUNG · · ·

In diesem Fall brauchst du keinen gedachten Themen- und Sollpunkt. Stattdessen legst du deine Hände auf zwei Körperstellen und synchronisierst sie. Die Position der Hände fördert die Erneuerung und Entgiftung, ergänzt durch deine Intention.

Lege eine Hand (oder einen Finger) in die Mitte des Rückens deines Tieres, etwa auf Höhe der Nieren am Ende des Rippenbogens. Die andere Hand (oder einen Finger) legst du auf den Sitzbeinhöcker, also etwas seitlich ans Gesäß.

Sprich nun die Affirmation: »Ich bitte um Erinnerung an den vollkommen heilen Ursprungszustand. Ich bitte um Ausleitung der Narkose und anderer Stoffe, die das System jetzt nicht mehr benötigt. Danke, dass die Ausrichtung und Ausleitung stattgefunden haben. Danke für die Regeneration. Es ist gelöst. Danke, danke, danke.«

Lasse gedanklich los, und begib dich für einen Moment in einen klaren, gedankenleeren Bewusstseinszustand. Halte beide Hände gleichzeitig im Fokus, bis du den Impuls verspürst, sie herunterzunehmen. Falls du währenddessen leichte Bewegungen zwischen deinen Händen spürst, gehe sanft mit diesen mit.

Sage zum Abschluss: »Danke, dass Ausleitung und Regeneration stattgefunden haben.« Lasse Dankbarkeit und Akzeptanz in dir aufsteigen.

Hinweis: Wenn du dein Tier (noch) nicht berühren kannst, kannst du natürlich auch die Zwei-Punkt-Methode anwenden oder dein Tier vor dir visualisieren und die Hände an die entsprechenden Stellen legen.

Narbenentstörung

Eine Narbe entsteht in den letzten Schritten der Wundheilung, wenn eine Verletzung tiefer geht als durch die erste Hautschicht, die Epidermis, und die Lederhaut geschädigt wurde. Das »Reparaturgewebe« hat in der Regel eine geringere Elastizität und Durchblutung. Alles im Körper ist in Bewegung. Narben, ob groß oder klein, können daher Störfelder im Energiekreislauf darstellen und zu gesundheitlichen Beeinträchtigungen führen. Diese müssen nicht unbedingt in der gleichen Region wie die Narbe liegen. Mitunter verursacht zum Beispiel die Narbe einer Kastration Rückenschmerzen beim Hund.

Jedes Störfeld kann das Immunsystem schwächen, weil Energieflüsse durchbrochen sind. Um dem vorzubeugen, stehen viele wertvolle Methoden und Mittel zur Verfügung. Hole dir entsprechenden fachlichen Rat. Mit der Quantenfeldharmonie kannst du parallel versuchen, den Energiefluss wiederherzustellen, und gleichzeitig über die Erinnerung an den Ursprungszustand die Selbstheilung anregen. Auch im Voraus fördert sie eine bestmögliche Wundheilung.

··· ANWENDUNG ···

Sitze oder stehe stabil neben deinem Tier. Lege nun deine Themenhand auf die Narbe und deine Lösungshand auf den Punkt oben auf dem Schulterblatt neben der Wirbelsäule. Wenn die Körperstellen zu weit auseinanderliegen, wende die Zwei-Punkt-Methode an. Diese Position harmonisiert auch seelische Verletzungen und hilft, den Energiefluss zu fördern.

Sprich die Affirmation: »Ich bitte um Erinnerung an den vollkommen heilen Ursprungszustand. Ich bitte um Entstörung des Narbengewebes, damit die Energie wieder frei fließen kann. Danke, dass Entstörung stattgefunden hat und alles wieder miteinander zum höchsten Wohl verbunden und genährt ist. Danke, danke, danke.«

Lasse gedanklich los, und begib dich für einen Moment in einen klaren, gedankenleeren Bewusstseinszustand. Halte beide Hände gleichzeitig im Fokus, bis du den Impuls verspürst, sie herunterzunehmen.

Wechsle im Anschluss die Position deiner Lösungshand auf die linke Außenseite des Fußwurzelgelenkes deines Tieres, wenn es dies zulässt. Gehe wie oben vor, und synchronisiere die Zustände, indem du an beide Hände gleichzeitig denkst. Das Thema »Narbe« lässt du dabei gedanklich vollkommen los und bist einfach im Moment, während du Energiebewegungen oder eine Welle bemerkst.

Sobald du den Impuls verspürst, dass die Energiefelder harmonisiert sind, nimmst du die Hände herunter und schüttelst sie achtsam aus.

Gehe in das dankbare Gefühl, dass bereits alles gelöst ist, und sage zum Abschluss: »Danke für Elastizität, Harmonie und freien Energiefluss.«

Geistige Wirbelsäulenaufrichtung

Viele geistige Heiler glauben, dass unser Körper von einem feinstofflichen Energiesystem durchzogen ist, wobei die Wirbelsäule eine zentrale Rolle spielt. Negative Gedanken, traumatische Erlebnisse und ungeklärte Emotionen können sich in ihr als energetische Blockaden festsetzen, was zu Disharmonie und Fehlhaltungen führt. Das wirkt sich wiederum negativ auf den gesamten Körper aus.

Die energetische Aufrichtung zielt darauf ab, die innere Haltung zu verändern und den zentralen Energiekanal im Körper dadurch durchlässig und harmonisch werden zu lassen. Dies macht sich dann auch auf körperlicher Ebene bemerkbar. Nach meiner Erfahrung kann es zu Muskelverspannungen oder -schmerzen kommen, was eine natürliche Reaktion auf die Veränderung der Körperhaltung ist. In solchen Fällen kann es hilfreich sein, dein Tier mit Massagen, Nahrungsergänzungen oder einer erneuten Quantenfeldharmonisierung zu unterstützen.

Die Aufrichtung wird nicht mechanisch, sondern nur geistig-energetisch durchgeführt. Für eine manuelle Behandlung der Wirbelsäule ist Fachwissen Voraussetzung. Du kannst diese Methode aber hervorragend mit einem Besuch beim Physiotherapeuten oder der Chiropraktikerin kombinieren.

··· ANWENDUNG ···

Stelle sicher, dass du stabil stehst oder sitzt. Halte eine Hand (oder bei kleinen Tieren deinen Finger) ein Stück über den Anfang des Rückens (vordere Brustwirbel bzw. beim Pferd am Widerrist) und die andere Hand über das Ende des Rückens (hintere Lendenwirbel).

Sobald du deine Hände über den Rücken hältst, wirst du möglicherweise bereits Energie, Impulse oder Wärme spüren. Konzentriere dich auf die Absicht, dass die Energie frei fließen kann und die Wirbelsäule in ihren ursprünglichen, heilen Zustand zurückfindet. Halte deine Hände einen Moment über den beiden Punkten, und schaffe eine ruhige Verbindung zu deinem Tier.

Sprich die folgende Affirmation: »Ich bitte um die geistige Aufrichtung der mittigen Säule zum höchsten Wohl von ... (Name deines Tieres). Ich bitte um die Erinnerung an den vollkommen heilen Urzustand. Jetzt! Danke, dass sich die energetische Wirbelsäule ausgerichtet hat und im besten Zustand befindet und dass alles harmonisiert ist. Energie kann frei fließen. Danke, danke, danke!«

Nimm einen gedankenleeren Zustand ein, und halte den Fokus auf beide Hände. Beobachte, wie sich die Energieimpulse allmählich beruhigen und beide Hände sich gleich anfühlen. Sei überzeugt, dass alles wieder in den heilen Ursprungszustand gebracht und Blockaden gelöst worden sind.

Wenn du spürst, dass die Energie nicht mehr fließt, oder du deutlich eine energetische Welle wahrgenommen hast, streiche dreimal sanft mit beiden Händen von oben nach unten und von unten nach oben über die Wirbelsäule. Schüttle deine Hände sanft aus oder halte sie kurz unter fließendes Wasser, um die Energiefelder von dir und deinem Tier zu trennen.

Wiederhole die geistige Wirbelsäulenaufrichtung noch ein- bis zweimal mit einem Abstand von ca. vier Wochen, um den Anstoß zur Selbstheilung zu festigen und zu verhindern, dass dein Tier in die alte Haltung zurückfällt. Achte auch darauf, ob du eigene Themen oder Schiefstände hast, die sich z.B. beim Reiten auf dein Pferd übertragen und dort Verspannungen auslösen.

Sage deinem Tier nach der Übung als liebevolle Affirmation, wenn es für dich passt: »Du fühlst dich frei schwingend in deinem Körper. Du bist zu Hause in dir. Deine Bewegungen sind harmonisch, ausbalanciert und fließend.«

Ruhe und Sicherheit zu Silvester und bei Gewitter

Wenn das neue Jahr von vielen Menschen ausgelassen mit Böllern und Raketen begrüßt wird, löst das bei vielen Tieren Ängste oder sogar Panikzustände aus. Ihr Gehör ist viel feiner als unseres, und sie können ja nicht wissen, dass dieser Lärm ein Ausdruck der Freude sein soll. Gerade bei älteren und geschwächten Tieren sind die körperlichen Auswirkungen immens. Wenn es nach mir ginge, dürfte jedes private Knallern gern untersagt werden. Die meisten Menschen, die Feuerwerk zünden, machen sich keine Vorstellung davon, was sie damit den Haustieren, aber auch den Wildtieren antun – gerade im Winter, wenn diese mit ihren Energiereserven haushalten müssen.

Auch ein starkes Gewitter mit Blitz und Donner versetzt Tiere in Alarmbereitschaft oder weckt den Fluchtinstinkt. Gehe am besten mit gutem Beispiel voran, und bleibe ruhig. Wenn du mitleidest, verstärkt das nur die Sorgen deines Tieres.

Es gibt mittlerweile viele hilfreiche Mittel und Techniken, die deinem Tier helfen können, sich zu entspannen – dazu gehören spezielle Übungen, Körpershirts, Ohrenschützer, beruhigende Öle, Ablenkung durch Kauen und auch homöopathische Ansätze. Probiere diese Möglichkeiten am besten rechtzeitig vor Silvester aus, um herauszufinden, welche von deinem Tier angenommen werden und ihm helfen. Eine weitere Möglichkeit, dein Tier in diesen Situationen zu begleiten, bietet die Quantenfeldharmonisierung.

Diese Übung unterstützt dich und dein Tier energetisch-informativ bei Ängsten, die durch Feuerwerk oder Gewitter ausgelöst werden. Durch die Verbindung mit der Urmatrix öffnest du ein Tor, durch das dein Tier Zugang zur Erinnerung an seine Ganzheit und sein Urvertrauen bekommt.

··· ANWENDUNG ···

Lege deine Themenhand sanft auf die Innenseite des Sprunggelenks am Hinterbein deines Tieres, wenn es dies zulässt. Sei dabei sehr achtsam. Wenn du die Übung aus der Ferne durchführen möchtest, visualisiere das Sprunggelenk in deiner Hand, oder schicke gedanklich dein ganzes Tier hinein.

Spüre kurz in deine Hand auf dem Sprunggelenk hinein, und denke dabei an die Ängste und Verhaltensweisen deines Tieres in bedrohlichen Situationen. Schicke sie gedanklich in den Istpunkt.

Verwende nun deine andere Hand, um im energetischen Feld vor dir nach dem Lösungspunkt in der Matrix zu suchen. Führe die Hand hoch, und spüre, wo sie stehen bleiben möchte. Dort verankerst du den Sollzustand.

Sage: »Ich bitte um tiefen Frieden, Vertrauen, Zuversicht und Ruhe. Ich bitte um das höchste Wohl. Danke, dass sich Heilung, Stärke, Frieden und Urvertrauen eingestellt haben. Danke für die Erinnerung an den gelassenen, angebundenen Urzustand. Danke für die Heilung. Danke, danke, danke.«

Lasse alle Gedanken an Ängste, Panik und Flucht los. Gehe in einen Zustand des reinen Seins, und konzentriere dich auf beide Hände gleichzeitig. Nimm das positive Glücksgefühl an, das du mit der Vorstellung verbindest, dass dein Tier ruhig, entspannt und im Selbstvertrauen sein kann – jederzeit.

Bleibe im gedankenleeren Bewusstsein, bis du den Impuls verspürst, die Hände herunterzunehmen, oder eine energetische Welle wahrnimmst. Vielleicht genießt dein Tier es, noch eine Weile deine Hand auf dem Sprunggelenk zu spüren. Lass sie dort, bis es dir ein Zeichen gibt, dass es genug ist.

Sprich zum Abschluss: »Danke, dass alles gelöst ist. Danke für Sicherheit und Urvertrauen.«

Je mehr Zuversicht und innere Sicherheit du in dir aufsteigen lassen kannst und je fester du glaubst, dass die Ängste gelöst wurden, desto mehr hilfst du deinem Tier. Wenn du keine Angst hast, weiß es, dass keine Gefahr droht. Wiederhole diese Übung, wenn es dir nötig scheint. Sollten tieferliegende Themen oder Erlebnisse ans Licht kommen, kannst du auch gezielt andere Übungen anwenden. Das natürliche und wichtige Frühwarnsystem unserer Tiere, z.B. bei Erdbeben, bleibt davon unberührt.

Das Quantenfeld auf Fülle ausrichten

Das Thema Fülle bzw. Mangel ist oft tief in uns verwurzelt, nicht selten auch über unsere Ahnen als verinnerlichte Glaubenssätze. Alles, was wir denken – auch unterbewusst –, prägt unsere tägliche Realität. Deshalb kann es hilfreich sein, in die Reflexion zu gehen, um hinderliche Muster zu erkennen und zu verändern. Dann können wir uns Fülle bewusst erlauben. Dabei geht es nicht nur um materielle Dinge, sondern auch um das Gefühl von Erfülltheit, Glück, Zuversicht und Lebensfreude. Dies umfasst z. B. auch, seinen Herzensberuf auszuüben und davon leben zu können.

Im Ursprung gibt es keinen Mangel. Es existieren keine Ängste oder Begrenzungen. Es ist wichtig, sich immer wieder mit diesem Feld zu verbinden und sich von den im Leben gemachten Erfahrungen zu distanzieren, um im Moment des bewussten Seins die Fülle der Schöpfung zu erfahren.

Diese Übung ist für dich und deine persönliche Transformation gedacht. Aber auch im Zusammenleben mit deinem Tier können Kosten entstehen, sei es für Operationen oder alltägliche Ausgaben. Wenn du zuversichtlich, erfüllt und glücklich damit umgehst, unterstützt du auch dein Tier, das von diesem befreiten Gefühl profitiert.

··· ANWENDUNG ···

Setze dich bequem und sicher hin, und strecke beide Hände vor dir aus.

In deine Themenhand nimmst du entweder einen hinderlichen Glaubenssatz zum Thema Mangel, Geld und Zukunftsängste, den du bereits in dir erkannt hast, oder eine bestimmte Situation (z. B. eine Rechnung), die aufgelaufenen Kosten – oder das Wort »Mangel« selbst.

Die Lösungshand verbindest du mit einem lichtvollen Strahl, der direkt nach oben zur Schöpfung, zur Urmatrix, führt. Visualisiere und fühle diese Verbindung so deutlich wie möglich, und vertraue darauf, dass deine Hand mit dem Ursprung assoziiert ist.

Sprich die Affirmation: »Ich bitte um Transformation des Mangeldenkens in jeglicher Form – ob es um Zeit, Gesundheit, Geld oder Liebe geht. Es ist gelöst. Ich bin erfüllt und erlaube mir Fülle in allen Bereichen, denn sie ist mein Geburtsrecht und mein Ursprung. Danke, danke, danke.«

Lasse alle Gedanken los, und komme in den reinen Seinszustand. Richte deine Aufmerksamkeit auf beide Hände gleichzeitig, bis du eine Welle spürst und den Impuls hast, dass die Zustände synchronisiert sind. Atme aus, senke die Hände oder wedle sie aus.

Sage zum Abschluss: »Danke für die Erfülltheit und Fülle in meinem Leben.«

Lasse Dankbarkeit und das Gefühl der Fülle in dir aufsteigen, und sei überzeugt, dass dieses Thema nun zum höchsten Wohl ausgerichtet ist. Wenn nötig, wiederhole diese Übung in Bezug auf eine konkrete Situation.

Alternativ: Du kannst auch eine gewünschte Summe, die auf deinem Konto immer im Plus sein soll, oder ein klares Bild deiner Herzensberufung in die Lösungshand legen. Benutze das, was für dich Erfülltheit und Fülle aus dem Herzen heraus bedeutet.

Harmonie im Mehrtierehaushalt

Ein Haushalt mit mehreren Tieren ist nicht anders als eine große Familie: Verschiedene Charaktere, Bedürfnisse und Interessen stoßen aufeinander und können zu Konflikten und Rangeleien führen, sich aber auch wundervoll ergänzen, sodass alle vom Zusammenhalt gestärkt werden.

Es kann vorkommen, dass sich ein Tier körperlich verändert, ältere Tiere ihre ranghöhere Stellung aufgeben oder andere Tiere plötzlich ihre Grenzen austesten. Dieser Wandel kann natürlichen Ursprungs sein, aber es gibt auch gesundheitliche Auslöser oder Trigger, die Unfrieden in die Gruppe bringen. Dann ist es in einem Mehrtierehaushalt wichtig, die Harmonie zwischen den Tieren wiederherzustellen.

Eine bewährte Möglichkeit dazu ist die Zwei-Punkt-Methode. Sie ermöglicht es dir, die Tiere gemeinschaftlich in den Prozess einzubeziehen und Impulse für Harmonie zu geben. Manchmal liefert dir die Anwendung auch zusätzliche Ideen, was gerade benötigt wird. Dies kann durch äußere Synchronizitäten oder innere Wahrnehmungen wie plötzliche Eingebungen geschehen. Auch bestimmte Heilsteine wie Rosenquarz können eine harmonisierende Wirkung haben.

Manchmal ist es notwendig, sich Rat und Hilfe zu holen, weil z. B. der Hormonhaushalt der Tiere verändert ist. Auch plötzliche Aggressionen können unterschiedliche Ursachen haben, die du abklären solltest.

··· ANWENDUNG ···

Halte beide Hände mit den Innenflächen nach oben vor dich.

Nimm deine Tiere in die Themenhand, und stelle dir dabei die aktuelle Situation vor. Fühle in deine Hand hinein: Wird sie schwerer? Beobachte einfach das Gefühl.

Wechsle zur Lösungshand, und visualisiere die gewünschte harmonische Verbindung, die Herzoffenheit und ein friedliches Zusammenleben (das kann auch einfach daraus bestehen, dass die Tiere Abstand voneinander halten oder sich respektieren). Du kannst auch die Wörter »Lösung«, »Liebe« oder »Harmonie« hineinlegen. Sei dir bewusst, dass deine Sichtweise von der deiner Tiere abweichen kann, weil es unter ihnen eine natürliche Rangordnung gibt. Wenn du dir unsicher bist, überlasse die Lösung einfach dem höchsten Wohl für alle Beteiligten.

Sprich die Affirmation: »Ich bitte um Ausrichtung und Erinnerung an den vollkommenen multidimensionalen Ursprung von Harmonie und Frieden. Ich bitte um Transformation zum höchsten Wohl. Danke, dass Transformation geschehen ist. Danke für die Heilung. Danke für die Erkenntnisse, die dem zugrunde lagen. Es ist gelöst. Danke, danke, danke.«

Lasse das Thema los, und sei im reinen Sein. Richte den Fokus auf beide Hände gleichzeitig, damit sich die Zustände synchronisieren. Gehe in das dankbare Gefühl, dass bereits alles in Harmonie transformiert ist. Bleibe mit der Aufmerksamkeit bei beiden Händen, und halte den höheren Bewusstseinszustand, bis sich beide Hände gleich anfühlen oder du den Impuls verspürst, die Anwendung zu beenden.

Sage zum Abschluss: »Danke, dass Harmonie und Frieden eingetreten sind.« Spüre die Erleichterung und Dankbarkeit.

HEILUNG DER URANGST BEI TIEREN

Vielleicht hast du auch schon erlebt, dass du bestimmte Ängste im Leben hast oder sie sich plötzlich entwickeln, die keinen klaren Auslöser haben. Du kannst sie keinem Ereignis in der Vergangenheit zuordnen. Das kann die Sorge sein, dass der Boden unter dir zusammenbricht, oder das Bedürfnis, selbst auf eine kurze Autofahrt unbedingt etwas zu trinken mitnehmen zu müssen.

Nach meinen Erfahrungen aus der medialen Arbeit sind solche Ängste oft auf traumatische Erlebnisse in früheren Leben zurückzuführen, die noch nicht vollständig verarbeitet oder transformiert wurden. Mit der Quantenfeldharmonie haben wir die Möglichkeit, diese Ursprünge in anderen Leben zu erreichen und in eine heilsame Wandlung zu führen.

Auch unser Tier kann unerklärliche Ängste oder belastende Verhaltensweisen zeigen, die sich nicht aus einer Situation in seinem Leben erklären lassen und auch kein rassetypisches Benehmen sind. Wenn wir davon ausgehen, dass auch unsere Tiere seelische Erfahrungen aus vorherigen Leben haben, nicht nur aus diesem, können wir sie mit der Quantenfeldharmonisierung davon lösen.

Wenn dich diese Übung anspricht und du mit ihr in Resonanz gehst, gibt es einen Grund dafür. Du kannst sie auch für dich selbst mit der Zwei-Punkt-Methode oder der Herzraum-Übung durchführen.

· · · ANWENDUNG · · ·

Lege deine Themenhand sanft auf eine intuitiv gewählte Stelle am Körper deines Tieres oder auf den Erinnerungspunkt am Hinterkopf zwischen Schädeldecke und Halswirbeln. Denke kurz an das Thema oder an das Wort »Urangst«, und sende es in die Hand hinein.

Die Lösungshand legst du auf den Herzbereich deines Tieres.

Sprich die Affirmation: »Ich bitte um Heilung der Urangst von … (Name deines Tieres) und um die lichtvolle Lösung und Vergebung der auslösenden Ursprungssituation. Über alle Dimensionen und Zeitlinien hinweg – jetzt! Danke, dass multidimensionale Transformation stattgefunden hat. Es ist gelöst. Danke, danke, danke.«

Synchronisiere Ist- und Sollzustand, indem du im reinen Bewusstsein an beide Hände gleichzeitig denkst. Halte die Brücke zwischen ihnen, bis du den Impuls zum Beenden spürst.

Bedanke dich mit den Worten: »Danke, dass diese Urangst am Ursprung gelöst ist und der heile, vollkommene Urzustand hergestellt wurde. Es ist transformiert.«

Nimm die Hände herunter, oder schwinge sie im Energiefeld aufeinander zu.

Trennung und Reinigung von Fremdenergien

Wenn sich dein Tier plötzlich seltsam verhält, starke Stimmungsschwankungen zeigt oder ohne ersichtlichen Grund nervös, aggressiv oder lethargisch wird, aber auch, wenn es unerklärliche Krankheiten entwickelt, könnte die Ursache in Fremdenergien zu finden sein. Damit ist alles gemeint, was sich im Energiefeld des Tieres festsetzt, aber nicht zu ihm gehört. Der Ursprung können Fremdanhaftungen, Energieräuber oder Verstrickungen sowie Schwüre und Eide sein. Manchmal können andere Tiere, z. B. in einer Herde von Pferden, durch ihr Verhalten die Energie eines Tieres beeinträchtigen. Selbst auferlegte Seelenverträge können bei Tieren, ähnlich wie hinderliche Glaubenssätze bei uns Menschen, in stressigen Situationen im Unterbewusstsein entstehen. Sie binden dein Tier auch nach der auslösenden Erfahrung weiterhin und bestimmen sein Verhalten.

Um das Energiefeld deines Tieres gründlich von solchen Fremdenergien zu trennen und zu reinigen, möchte ich dir eine Übung vorstellen: die sogenannte Freisprechung. Diese Methode kannst du nutzen, wenn du das Gefühl hast, dass etwas Fremdes dein Tier umgibt oder es nicht in seiner vollen Kraft ist.

Es ist nicht immer nötig, die genauen Ursachen oder Anhaftungen zu kennen. Wenn du Informationen erhältst, ist das hilfreich, aber du kannst auch einfach darauf vertrauen, dass die Reinigung und Lösung geschehen ist, so, wie es jetzt gut und richtig ist.

··· ANWENDUNG ···

Nimm dein Tier sanft zwischen deine beiden Hände, und halte sie im Energiefeld knapp über dessen Körper. Du brauchst es nicht zu berühren, sondern hältst die Handflächen in Richtung deines Tieres. Suche intuitiv die richtige Position, oder »umarme« dein Tier, indem du eine Hand vor die Brust, die andere über die Schultern hältst.

Sprich die folgende Affirmation: »Ich bitte um Abtrennung und Beendigung des Einflusses von Fremdenergien, bewusst oder unbewusst geleisteten Schwüren, auferlegten Seelenverträgen, Vereinbarungen oder Versprechungen. Jetzt! Ich bitte um Abtrennung und Reinigung von Energieräubern über alle Dimensionen und Zeitlinien hinweg und um Erinnerung an den vollkommen heilen Ursprungszustand. Jede Fremdenergie und jede Anhaftung ist gelöst. Danke für die Freisprechung und Transformation zum höchsten Wohl. Es ist geklärt. Danke, danke, danke.«

Versetze dich in einen reinen Bewusstseinszustand, und synchronisiere deine beiden Hände, indem du gleichzeitig an sie denkst, bis du einen Impuls oder eine Welle spürst. Atme dann aus, und ziehe deine Hände zurück.

Bedanke dich, und gehe in das Gefühl von Dankbarkeit. Vertraue darauf, dass alles gelöst und entfernt ist. Dein Tier ist frei. Du bist frei.

Falls nötig, kannst du achtsam im Energiefeld nachfächeln oder deine Hände unter fließendem Wasser reinigen.

Ein Tier wird vermisst

Wenn ein Tier verschwunden ist, ist das für alle sehr aufwühlend, und es ist schnelles Handeln gefragt. Natürlich solltest du zuerst nach dem Tier suchen, in offenen Pools und anderen für das Tier gefährlichen Örtlichkeiten nachschauen, das Tierheim anrufen etc., bevor du die Quantenfeldharmonisierung anwendest. Doch wenn du die Ruhe und Zeit dafür findest, kann sie wertvoll sein, weil sie sowohl den Menschen als auch dem Tier, das sich verlaufen hat, Entspannung und einen klaren Kopf schenken kann.

Mit der Zwei-Punkt-Methode kannst du unabhängig von der Entfernung zum vermissten Tier arbeiten. Wichtig ist, dass du, so gut es geht, in den reinen Bewusstseinszustand gelangst, auch wenn die Situation emotional aufwühlend ist. In manchen Fällen kann es hilfreicher sein, eine andere Person darum zu bitten, die Quantenfeldharmonisierung für euch durchzuführen.

··· ANWENDUNG ···

Visualisiere das vermisste Tier, nenne seinen Namen, und platziere es in deiner Themenhand. Verbinde die Lösungshand über einen goldenen Lichtstrahl mit dem vollkommen heilen, gelösten Ursprung, der Urmatrix.

Sprich dann eine der Affirmationen, die für dich stimmig ist:

»Ich bitte um vollständige Heilung der Situation und um die Rückkehr meines Tieres. Jetzt. Danke, dass sich die Situation zum besten Wohl bereits gelöst hat.«

»Ich bitte um die Rückkehr meines Tieres. Jetzt! Danke, dass mein Tier heil den Weg nach Hause zu mir gefunden hat.«

»Ich bitte um eine liebevolle Lösung des Themas, warum mein Tier weggelaufen ist. Ich bitte um die Rückkehr meines Tieres oder um ein Zeichen, das erklärt, warum es geschehen ist. Danke, dass sich alles in den vollkommen heilen Ursprungszustand zurückbegeben hat.
Danke, danke, danke.«

Lasse danach die Gedanken los, und gehe in einen reinen Bewusstseinszustand. Konzentriere dich gleichzeitig auf beide Punkte, also auf beide Hände. Fühle, wie dein Tier gesund und munter zu Hause, in deinen Armen liegt. Lasse Dankbarkeit und Erleichterung aufsteigen. Bleibe so lange wie möglich im Zustand des reinen Seins, indem du an beide Hände gleichzeitig denkst und die Energie hältst, bis du den Impuls spürst, die Übung zu beenden, oder bis sich beide Hände gleich anfühlen.

Wiederhole gegebenenfalls die Quantenfeldharmonisierung im Abstand von einer Stunde zwei oder drei Mal. Dabei kannst du die Affirmation jeweils anpassen. Du kannst deinem Tier zuerst Entspannung, Stärke, Mut und Zuversicht senden und in der nächsten Anwendung das Feld auf das höchste Wohl für die gesamte Situation ausrichten.

Tipp: Ist beispielsweise ein ängstlicher Hund, der noch keinen festen Bezug zu seinem neuen Zuhause hat, weggelaufen und wurde bereits eine Lebendfalle aufgestellt, dann kann die Quantenfeldharmonie genau auf diese Lösung angewandt werden. Stelle dir die Lebendfalle in deiner Lösungshand vor, idealerweise in einem wohligen Rahmen, umgeben von Licht und dem Gefühl von Sicherheit und Geborgenheit. Füge auch die Vorstellung von ausreichend Futter in der Falle hinzu. Damit gibst du einen gewünschten Ausgang in die Synchronisierung über das Quantenfeld.

Begleitung an der Schwelle zum Übergang

Der schwerste Moment im Zusammenleben mit einem tierischen Begleiter ist der, in dem wir Abschied von ihm nehmen müssen. Wenn es für sie Zeit ist, die Reise über die Regenbogenbrücke anzutreten, können wir unsere Tiere nicht aufhalten, aber sanft und liebevoll unterstützen. Sie leben noch viel enger in die natürlichen Kreisläufe eingebunden und akzeptieren daher oft mit einer Selbstverständlichkeit, dass der Übergang ansteht, die für uns in der aufwühlenden Phase des Abschiednehmens kaum nachzuempfinden ist.

Du kannst dir selbst helfen, die Ruhe und die Bereitschaft zu entwickeln, loszulassen. Das unterstützt auch dein Tier, denn es bekommt das Gefühl, den Weg einschlagen zu können, der für es am besten ist.

Wenn bei diesem Prozess Worte in dir aufkommen, die du an dein Tier richten möchtest, lasse sie zu. Das könnte sein: »Du darfst loslassen. Wir sehen uns wieder. Du bist bei mir, und ich bin bei dir. Ich lasse los. Du darfst entscheiden, was du und dein Körper möchten.« Stört dich das dabei, den reinen Seinszustand zu halten, kannst du sie deinem Tier im Anschluss an die Anwendung mitgeben. Du kannst auch einen Brief für es schreiben und gedanklich übermitteln. So kannst du alles ausdrücken und loswerden, was dir noch wichtig ist. Auch das kann helfen, das Tor zur Akzeptanz zu öffnen.

Wenn unsere Tiere an der Schwelle zum Übergang stehen, können wir sie auch mit der Quantenfeldharmonie unterstützen. Wenn du den Sterbeprozess auf das höchste Wohl deines Tieres ausrichtest, kann das bedeuten, dass es in diesem Moment das Beste ist, zu gehen – besonders, wenn der Körper bereits seine Funktionen zurückfährt. Manchmal werden die Lebensgeister noch einmal geweckt. Oder du schenkst deinem Tier die nötige Ruhe und Entspannung, wenn der Prozess unter tierärztlicher Begleitung (Einschläferung) abläuft.

··· ANWENDUNG ···

Benutze deine Handflächen als Themen- und Lösungspunkt. So musst du nicht direkt bei deinem Tier sein, und es kann den sanften Anstoß auch aus der Distanz annehmen. Alles, was dein Tier aus seinem Prozess herausholt, könnte stören. Wenn du jedoch spürst, dass ihm die sanfte Berührung guttut, lege beide Hände intuitiv auf, indem du für die Themenhand die stimmige Körperstelle suchst und danach die Lösungshand platzierst.

Werde ruhig, setze dich bequem hin, und strecke beide Hände mit der Innenfläche nach oben aus. In die Themenhand legst du dein Tier in der aktuellen Situation. Die Lösungshand verbindet sich mit der Urmatrix und dem höchsten Wohl, indem du einen goldenen Lichtstrahl von ihr nach oben schickst. Vielleicht bekommst du über diese Verbindung mit den höheren Sphären auch Bilder oder Farben vermittelt.

Sage: »Ich bitte um das höchste Wohl von ... (Name deines Tieres). Ich bitte um Erinnerung an das höchste Wohl und die schönste Frequenz sowie an den heilen Ursprung. Danke, dass alles zum höchsten Besten gewandelt ist. Danke für Heilung und Liebe.«

Lasse dann alle Gedanken los, und bleibe im reinen Bewusstseinszustand, indem du den Fokus auf beide Hände gleichzeitig legst und sie synchronisierst. Nimm deine Hände herunter, sobald du den Impuls verspürst. Wenn sie eine Bewegung machen wollen, folge diesem Gefühl. Zum Abschluss kannst du mit den Händen im Energiefeld nachfächern, um die Energien nochmals zusammenzubringen.

Sprich: »Danke, dass Heilung und das höchste Wohl eingetreten sind. Danke für den Frieden in uns.«

Variante: Halte die Themenhand an die untere Kante des Schädelbasisknochens im Nackenbereich (beim Pferd z. B. hinter den Ohren) und die Lösungshand dort im Energiefeld deines Tieres, wo sie stehen bleiben möchte. Der Punkt am Hinterkopf ist im Heilströmen als Energieschloss 4 »Fenster zum Himmel« bekannt und kann helfen, das Loslassen zu erleichtern.

REISE ZUR SCHÖPFERKRAFT

Die Quantenfeldharmonisierung ist eine von vielen Möglichkeiten, dein Tier zu unterstützen, sein System zu harmonisieren und seine Selbstheilungskräfte zu aktivieren. Sie lässt sich wunderbar mit anderen Methoden, sowohl aus dem konventionellen als auch dem alternativen, energetischen oder medialen Bereich, verbinden.

Beispielhaft möchte ich dich zu einer schamanischen Reise zur Urmatrix, der Schöpferquelle, einladen. Diese Erfahrung kann dir helfen, das Körper-Geist-System deines Tieres an seinen heilen Ursprung zu erinnern und astral in die Urmatrix einzutauchen, sodass jede Zelle und jeder Energiestrang sich mit ihr abgleicht. Die wunderschönen und kraftvollen inneren Bilder werden dein Vertrauen stärken und dir neues Wissen vermitteln.

··· ANWENDUNG ···

Begib dich an einen ruhigen Ort, an dem du dich bequem hinlegen kannst und nicht gestört wirst. Schließe deine Augen, und mache dir das Ziel dieser Seelenreise bewusst: Du möchtest mit deinem Tier in die Obere Welt, zur Lichtquelle, der Urmatrix, reisen, um es an seinen heilen Urzustand zu erinnern. Werde nun ruhig, und atme bewusst und gleichmäßig weiter.

Gehe in Gedanken an einen Ort, den du als sicheren und wunderschönen Kraftplatz empfindest. Vielleicht kennst du diesen Platz, oder es taucht sofort ein Bild vor deinem inneren Auge auf. Du kannst ihn auch mit deiner Fantasie ganz neu erschaffen. Genieße es, hier zu sein. Schaue dich um, fühle, rieche, höre die Umgebung mit offenen Sinnen.

Lade nun dein Tier an diesen Ort ein. Es wird sich zu dir gesellen.

Macht euch gemeinsam auf den Weg. Ihr wollt in die obere Ebene der schamanischen Anderswelt reisen. Geht los, und schaut euch um, wie ihr dorthin kommt. Zeigt sich ein Bergpfad, der nach oben führt? Eine Leiter? Oder trägt euch ein geflügeltes Tier? Geht weiter, bis sich ein Weg nach oben zeigt.

Du spürst die Feuchtigkeit der Wolken auf deiner Haut. Die Atmosphäre wird immer ätherischer und lichter. Ihr kommt an und werdet möglicherweise von einem Torhüter begrüßt. Betrachte diese Welt, und betritt sie zusammen mit deinem Tier.

Vor euch erscheint die lichtvolle Quelle, wie auch immer sie aussehen mag. Dein Tier nähert sich ihr und verschmilzt mit dem vollkommenen Sein, der Urmatrix und dem heilvollen Ursprung allen Seins. Du wartest und kannst aussprechen: »Ich bitte um Erinnerung und Verschmelzung mit dem heilen Ursprung. Danke, dass alles geschehen, das System lichtvoll gereinigt, durchflutet und gelöst ist.«

Gib deinem Tier Zeit, und warte dankbar ab. Gehe in den Zustand des reinen Seins an diesem wundervollen, friedlichen Ort. Alles schwingt in purer Harmonie und Liebe. Fühle eine tief berührende, starke Dankbarkeit.

Nun kehrt dein Tier zurück. Es strahlt und ist kraft- und lichtvoll, hat neue Energie und eine klare Erinnerung an das heile Sein. Kehrt den gleichen Weg zurück, den ihr gekommen seid, bis ihr wieder an den Kraftplatz gelangt.

Nehmt euch dort einen Moment, und genießt die Stille. Verabschiede dich schließlich von deinem Tier, umarme es, und jeder von euch kehrt auf seine Weise aus dieser schamanischen Reise zurück.

Nimm wieder den Boden unter dir und den Raum um dich herum wahr. Atme tief durch und sei zurück im Hier und Jetzt. Öffne langsam deine Augen, sobald du bereit bist, und sage: »Es ist gelöst, danke für vollkommene Heilung.«

Aufstellen mithilfe der Quantenfeldharmonie

Jeder kennt das: Irgendwann im Leben fühlt sich in einem Bereich ein Thema oder eine zwischenmenschliche Beziehung schwerer an. Wir haben das Gefühl, auf der Stelle zu treten, und können bestimmte »Felder« nicht klären. Eine Aufstellung kann dann helfen, indem sie Probleme sichtbar macht und neue Perspektiven eröffnet. Eine klassische Aufstellung funktioniert durch die Visualisierung von Beziehungen und Dynamiken innerhalb eines Systems, sei es eine Familie oder ein Team. Dabei werden Teilnehmerinnen und Teilnehmer als Stellvertreter für Mitglieder oder Aspekte des Systems eingesetzt, um deren Perspektiven und Emotionen erlebbar zu machen. Durch die räumliche Anordnung und die daraus resultierenden Interaktionen können verborgene Konflikte und Muster, aber auch Lösungen sichtbar werden. Ziel ist eine Harmonisierung und bessere Verständigung in der Gruppe, die aufgestellt wurde.

Klarheit auf unserem Weg gibt uns Stärke und gleichzeitig viel mehr Leichtigkeit. Wir kommen wieder in unsere Selbstermächtigung und vertrauen unserer Intuition. Dadurch lassen wir uns weniger vom Außen beeinflussen und verunsichern. Keiner kennt den Weg unserer Seele so gut wie wir selbst.

Was hat das mit unseren tierischen Gefährten zu tun? Manche Tierarten benötigen aufgrund ihres artspezifischen Verhaltens eine klare Führung, eine Vertrauensperson, die wahrhaftig den Weg vorgibt und Sicherheit ausstrahlt. Fluchttiere wie Pferde spiegeln uns deutlich unsere innere Einstellung wider, selbst wenn wir versuchen, diese zu verbergen. Oder unser Hund zieht beim Gassigehen von links nach rechts und achtet kein bisschen auf das andere Ende der Leine. Vertrauen wir uns selbst nicht oder sehen kein klares Ziel in unserem Leben, wie soll uns unser Tier dann gern folgen?

Es hilft uns in der Mensch-Tier-Beziehung, aber auch in vielen anderen Situationen, uns mit uns wohlzufühlen, Grenzen setzen zu können und aufzuhören, uns selbst kleinzumachen. Dazu müssen wir hinderliche Glaubenssätze oder Familienmuster ablegen und negative Erfahrungen, die uns bis heute beeinflussen, hinter uns lassen. Dann entwickeln wir Selbstliebe, Stärke und Achtsamkeit.

In der folgenden Übung verbinden wir Aufstellungsarbeit und Quantenfeldharmonisierung. Mit der Synchronisierung im aufgestellten Quanten- und Themenfeld haben wir eine kraftvolle Möglichkeit an der Hand, Harmonie und Balance in Konstellationen hineinzubringen und im Anschluss für uns arbeiten zu lassen. Wir müssen auf diese Weise nicht allzu lange im Energiefeld bleiben oder verschiedenste Möglichkeiten anschauen, wie es bei der Aufstellungsarbeit sonst der Fall ist. Mit der Entscheidung für innere Führung und Selbstermächtigung und dem Impuls an den heilen Ursprung verändern wir etwas in uns, sodass sich das Außen – z. B. das Zusammenleben mit unserem Tier – positiv verändern kann. Nach meinem Empfinden reicht ein kurzes Aufstellen und Benennen mit anschließender Quantenfeldharmonisierung, da alles im Unter- oder dem höherem Bewusstsein mit im Feld ist, was Anteil hat. Es darf das sichtbar werden, was wir allein anschauen und bewältigen können.

··· ANWENDUNG ···

Werde dir zuerst des Themas bewusst, das du aufstellen möchtest. Formuliere es in einem Wort oder Satz. Wo gibst du aktuell am meisten Energie hinein oder spürst Unfrieden? Was regt dich auf oder beschäftigt dich? Was stört dich, vielleicht auch im Zusammenleben mit deinem Tier? Du kannst alles Mögliche aufstellen und als Stellvertreter z. B. Holz-/Spielfiguren, beschriebene Zettel, Schreibtischutensilien oder auch Sitzgelegenheiten verwenden, sodass du allein ohne weitere Beteiligte arbeiten kannst. Benenne kurz, wofür sie stehen, und stelle sie dann an die Position im Feld (im Raum oder auf dem Tisch), der sich im Moment stimmig anfühlt.

Nachdem du das Thema und dich selbst stellvertretend aufgestellt hast, wirst du spüren, was hinzukommen darf. Ist das Thema z. B. Mutlosigkeit, Angst vor Sichtbarkeit, keine Grenzen setzen zu können oder fehlende Klarheit und Stärke bezogen auf deine Ziele im Leben? Dann kannst du dazu die Begriffe »Klarheit«, »authentische Stärke«, »Sichtbarkeit«, »Herzensbusiness« oder »Mut« aufstellen. Wenn dir eine Person aus deinem Umfeld in den Sinn kommt, stelle diese dorthin, wo es dir passend erscheint. Alles, was sich als Impuls zeigt, kannst du integrieren. Verändere die Konstellation, stelle Figuren bzw. Zettel näher zueinander. Fühlt sich etwas besser oder weniger gut an? Wie fühlt es sich an, ganz dicht an deiner gewünschten Lösung zu stehen? Was kommen für Gedanken auf? Es braucht Mut, aus alten Familienmustern auszusteigen oder Erlebtem keine Macht mehr zu geben. Du kannst das, was auch immer sich zeigt oder verändert! Vielleicht möchtest du eine Lösungsformel aufstellen. Fühle hinein, wie diese benannt werden soll, oder benutze das Wort »Bedürfnis«. Benenne, was dieses sein kann oder was du dir wünschst, und bringe es als Bild und Gefühl zu dir ins Feld.

Wenn alles aufgestellt ist und du fühlst, dass es jetzt an die Harmonisierung gehen darf, dann beginne mit der Quantenfeldharmonisierung. Lege die Aufstellung gedanklich in die Themenhand. Verbinde deine Lösungshand über einen wunderschönen, starken Lichtstrahl nach oben mit der Urmatrix.

Gehe in die Entspannung, und sprich die Affirmation: »Ich bitte um Erinnerung an den vollkommen heilen, harmonischen Ursprungszustand in allen Beziehungen, auch zu mir selbst. Ich vergebe mir, und ich vergebe dir. Ich bitte um innere Klarheit und Selbstvertrauen. Danke, dass sich alles bereits zum höchsten Wohl für mich und alle, die mit mir verbunden sind, gelöst hat. Danke, danke, danke.«

Lasse gedanklich los, begib dich für einen Moment in einen klaren, gedankenleeren Bewusstseinszustand. Halte beide Hände gleichzeitig im Fokus, bis du den Impuls verspürst, sie herunterzunehmen.

Sage zum Abschluss: »Danke für vollkommene Harmonisierung, für meine Stärke und mein Vertrauen in mich.«

Löse die Aufstellung auf, indem du dich bedankst und alles wieder an seinen Platz räumst. Sprich laut aus, dass die Aufstellung jetzt aufgelöst ist.

Hinweis: Du kannst auch dein Tier und sein momentanes Thema aufstellen. Dazu passt du die Affirmation entsprechend an. Falls es dir sinnvoll und notwendig erscheint, kannst du auch eine ausführliche Aufstellung unter geübter Anleitung und Begleitung eines Fachmenschen in einer Vor-Ort-Sitzung durchführen.

DIE SCHATZKAMMER GOTTES

Diese Übung ist eine universell anwendbare Variante der Zwei-Punkt-Methode.

··· ANWENDUNG ···

Strecke beide Hände mit den Innenflächen nach oben mit etwas Abstand voneinander vor dir aus, sodass du sie gut eine Zeit lang halten kannst.

In deine Themenhand nimmst du etwas, was du in die höchste, beste Ausrichtung bringen möchtest: Dein Tier, dich selbst, eine Situation, ein Wort, einen hinderlichen Glaubenssatz, eine Beschwerde deines Tieres oder etwas, was für die Zukunft harmonisiert werden soll, z.B. eine Urlaubsbetreuung, eine lange Reise, ein gemeinsamer Umzug. Du kannst das Bild, den Namen, den Gedanken an die Situation oder ein Wort in die Hand nehmen.

Stelle dir einen goldenen Strahl vor, der aus der Innenfläche deiner Lösungshand in den Himmel scheint. Diese lichtvolle Verbindung führt direkt zur Quelle und der »Schatzkiste Gottes«. In dieser ist alles enthalten, was es jetzt für Lösung und Heilung braucht. Du kannst sie dir wie einen Raum voller magischer, leuchtender Regale vorstellen, in denen unendliche Möglichkeiten bereitliegen und darauf warten, abgerufen zu werden. Alles ist da, in unbegrenzter Menge. Es übertrifft die Vorstellungskraft deines Verstandes!

Sobald du mit dieser Schatzkiste verbunden bist, denkst du an beide Hände gleichzeitig, gehst in den reinen Seinszustand und sagst laut oder in Gedanken: »Ich bitte darum, dass die Lösung aus der Schatzkammer Gottes zu mir kommt. Jetzt. Ich bitte um segensvolle Ausrichtung zum höchsten Wohl.

Es ist gelöst. Es ist integriert, es ist vollbracht. Danke für die Lösung, danke für die Erinnerung an den heilen Ursprungszustand. Danke für das höchste Wohl. Danke, danke, danke.«

Halte beide Hände so lange fokussiert, bist du keine Bewegung oder keine Welle mehr spürst oder den Impuls hast, sie herunternehmen zu können. Wedle mit beiden Händen nach, streiche sie aus, und lasse sie mit einem Gefühl der Dankbarkeit und der Gewissheit sinken, dass die bestmögliche Lösung und das Mittel der Wahl jetzt aus der Schatzkammer in die Themenhand fließt. Es ist geschehen.

Nachwort

Unsere Henne hatte sich einen Zeh gebrochen und wurde von der Fachtierärztin bestmöglich versorgt. Sie bekam einen Halt und Schutz gebenden Verband und sollte separiert von den anderen Hühnern im Haus gehalten werden, damit das Bein geschont würde und vor allem kein Dreck in den Verband gelangte. Sonst könnte es zu Komplikationen, Scheuerstellen und Entzündungen kommen.

Ich bemerkte schnell, dass sie ohne Anschluss an die Herde den Lebensmut verlor. Daher setzte ich sie intuitiv wieder in ihre Gruppe. Sie konnte mit der Unterstützung des Verbandes gut laufen und war sofort wie verwandelt. Ich schränkte den Radius für alle Hühner ein, sodass die Henne sich nicht übernahm, und nutzte einige Male die Quantenfeldharmonisierung.

Nach kurzer Zeit war alles gut verheilt, der Verband konnte abgenommen werden, und zum Erstaunen unserer Tierärztin gab es weder Abschürfungen noch Entzündungen. Es war nicht mal Dreck in den Verband gelangt, alles sah perfekt aus. Die Henne lief wenige Wochen nach dem Bruch wieder ganz normal mit ihrer Gruppe, und es war, als ob nie etwas passiert wäre.

Was auch immer hier geholfen hat – sicherlich sind es verschiedene Faktoren gewesen –, bin ich dankbar für all die Wunder und Möglichkeiten. Allein das gibt mir ein sicheres Gefühl der bestmöglichen Fügung und Führung.

Alles hat seine Berechtigung, seine Zeit und sein Wirken. Neben den wissenschaftlichen Fortschritten in allen Bereichen und den Errungenschaften der Medizin gibt es auch das uralte Wissen indigener Heilerinnen und Heiler. Solange wir offen und neugierig dafür bleiben, was alles möglich ist, was unsere Intuition in jedem Moment sagt und wie verschiedenste Wege miteinander kombiniert werden können, schränken wir uns selbst nicht ein. Das kann mitunter einen wichtigen Unterschied bei der Rückkehr in die Balance machen.

Ich bin dankbar für all die Potenziale, die uns zur Verfügung stehen: das neue Wissen, das alte Wissen und das womöglich noch nicht entdeckte, das weiter auf uns wartet im Feld der großen Matrix.

Für mich sind die Natur, unser Körper, jede einzelne unserer Zellen und das Leben an sich ein großes Phänomen. Man kann wirklich nur staunen. Und das ist auch gut so. Glaube an Wunder, und gehe deinen Weg!

Dir und deinem Tier von Herzen alles Liebe, Zuversicht und ganz viel Nähe!

Herzlichst
Christiane Krieg

»Jedwede Kreatur hat einen Urtrieb nach liebender Umarmung.«

Hildegard von Bingen (1098–1179)

Danksagung

Ein großes Dankeschön zu sagen an all diejenigen, die das Projekt »Quantenfeldharmonie für Tiere« begleitet, unterstützt und gefördert haben, ist mir ein Herzensanliegen!

Vielen Dank an Heidi und Markus Schirner für das Vertrauen und das In-die-Welt-Hinaustragen. Danke meinem wunderbaren Lektor Bastian Rittinghaus für die Projektbegleitung, für wichtige Impulse und großartige Arbeit, um den Lesefluss und alles andere für euch zu perfektionieren, danke an das kreative Grafik- und das gesamte Schirner-Verlagsteam.

Ebenso gilt mein Dank meinen Kundinnen und Kunden und ihren Tieren, die ich begleiten und für die ich arbeiten darf, meinem Mann sowie meinen Tieren, die mir kraftvoll den Raum für Inspiration und für mein Tun halten.

ÜBER DIE AUTORIN

Christiane Krieg, ausgebildete Tierkommunikatorin und ganzheitliche Coachin, lebt mit ihrem Mann und ihren Tieren bei Hamburg. Ausbildungen in Heilströmen, Schamanismus und Quantenheilung vervollständigen ihr Repertoire, mit dem sie als Tierdolmetscherin, Medium und Lebensberaterin wirkt. Wichtig ist ihr, das oft hinter Glaubenssätzen und alten Verletzungen verborgene Licht der Seele jedes Einzelnen hervorzuholen und zu stärken.

www.christianekrieg.com

LITERATUR

Brüggen, Tina von der: Heilströmen für Tiere – Selbsthilfe für Hunde, Katzen, Kaninchen und Meerschweinchen. Reutlingen: Oertel + Spörer 2014

Coates, Margrit: Hands-on Healing for Pets – The Animal Lover's Guide to using Healing Energy. London, Rider 2003

Coates, Margrit: Heilende Energie für Pferde – Jeder kann heilen lernen. Stuttgart, Kosmos 2009

Driver, Oliver: Schamanische Energiearbeit – Heilung finden durch Seelenrückholung und Aurachirurgie. Darmstadt, Schirner 2020

Kinslow, Dr. Frank: Quantenheilung – Wirkt sofort und jeder kann es lernen. Kirchzarten, VAK 2009

Kinslow, Dr. Frank: Quantenheilung erleben – Wie die Methode konkret funktioniert, in jeder Situation. Kirchzarten, VAK 2013

Schirner, Markus: Atemtechniken – Einfache Atemübungen zur Selbstheilung, Verjüngung und Harmonisierung. Darmstadt, Schirner 2020

Sheldrake, Rupert: Das schöpferische Universum – Die Theorie des morphogenetischen Feldes. München, Meyster 1983

Steidl, Susanne: Chakra-Energie – Handbuch für jeden Tag. Darmstadt, Schirner 2020

Bildnachweis

Autorenfotos S. 9, S. 121: © Maya Meiners, www.maya-meiners.de

Bilder von der Bilddatenbank www.shutterstock.com:

Layoutelemente: gepunkteter Kreis: # 313837652 (© babayuka), geometrisches Muster: # 1945141474 (© robin.ph), Hintergrund bei Anwendungen: # 2160027223 (© Arfa Affan)

S. 11: # 294467744 (© Rita_Kochmarjova), S. 16: # 2474863241 (© Nikki Zalewski), S. 21: # 423355195 (© Cristina Conti), S. 24: # 2087590051 (© Alex Milan), S. 31: # 2366866423 (© PeopleImages.com - Yuri A), S. 37: # 739919290 (© Klymenok Olena), S. 40: # 13715296 (© Dundanim), S. 45: # 2178514795 (© ToffeePhoto), S. 46: # 279613202 (© glebchik), S. 43: # 2316615709 (© Rido), S. 51: # 289501205 (© marvent), S. 52: # 1093433033 (© Cristina Conti), S. 54: # 1564066336 (© Microgen), S. 57: # 2435427867 (© Alla08), S. 59: # 1240536421 (© Chendongshan), S. 61: # 1097215304 (© LukyToky), S. 62: # 2419227501 (© JCLobo), S. 64: # 1871096710 (© Ivan Babydov), S. 66: # 2325156067 (© TarasBeletskiy), S. 69: # 1359475709 (© Anatta_Tan), S. 70: # 1995010490 (© evrymmnt), S. 73: # 1085791058 (© Gladskikh Tatiana), S. 74: # 2465367589 (© BubbleBubblePhoto), S. 77: # 2462590701 (© SeventyFour), S. 78: # 2221480367 (© sophiecat), S. 80: # 2197555377 (© Julia Cherk), S. 82: # 1451051240 (© acceptphoto), S. 85: # 1223036338 (© eva_blanco), S. 87: # 1320604664 (© Tom Wang), S. 89: # 2063910374 (© Chendongshan), S. 90: # 1266006163 (© Benevolente82), S. 92: # 1776588263 (© New Africa), S. 94: # 771051217 (© OlesyaNickolaeva), S. 96: # 1615218859 (© New Africa), S. 98: # 1898491834 (© New Africa), S. 100: # 2545469419 (© MiViK), S. 103: # 1725002485 (© Elena Shvetsova), S. 104: # 1717476823 (© Ekaterina Kuzovkova), S. 107: # 2318483633 (© Carlo Prearo), S. 108: # 1676456152 (© Alex Zotov), S. 111: # 2424689049 (© daliyah benhaim), S. 113: # 2159872041 (© ninaveter), S. 114: # 2207636253 (© ninaveter), S. 117: # 2155073413 (© Bachkova Natalia)

Tieren von Herz zu Herz begegnen

Set mit Anleitung
und 40 Karten
ISBN 978-3-8434-9182-2

Christiane Krieg · Abbas Schirmohammadi
Mit Tieren kommunizieren

Tiere sprechen mit uns! Sobald wir unsere Intuition trainieren und lernen, uns mit unserem tierischen besten Freund über die innere Wahrnehmung auszutauschen, steht einer achtsamen, respektvollen und empathischen Beziehung auf Augenhöhe nichts im Weg.

Set mit Buch
und 40 Karten
ISBN 978-3-8434-9201-0

Christiane Krieg · Sabine Waldmann
Botschaften unserer Tiere
Liebevolle Impulse für die Mensch-Tier-Beziehung

Als erfahrene Tierkommunikatorin hat Christiane Krieg in diesem zauberhaften Kartenset 40 Botschaften aus der faszinierenden Tierwelt zusammengetragen. Mit jeder intuitiv gezogenen Karte werden wir sensibilisiert für die Gedanken und Emotionen unserer tierischen Gefährten.

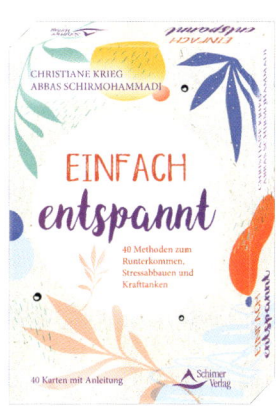

Christiane Krieg · Abbas Schirmohammadi
Einfach entspannt
40 Methoden zum Runterkommen, Stressabbauen und Krafttanken

Die erfahrenen Entspannungs-Coaches Abbas Schirmohammadi und Christiane Krieg haben ein großes Repertoire ganz leicht umsetzbarer Methoden für Sie zusammengestellt: kurze Meditationen, Heilströmen oder Autogenes Training …

Set mit Anleitung
und 40 Karten
ISBN 978-3-8434-9173-0

Christiane Krieg · Abbas Schirmohammadi
Heiliger Cacao
Entdecke das herzöffnende schamanische Ritual

Ob in Retreats und Seminaren, bei besonderen Feiern und Übergängen im Leben oder als Tagesabschluss: Eine Cacao-Zeremonie vertieft und intensiviert alle deine spirituellen Praktiken. Das Kartenset bietet viele inspirierende Tipps, Meditationen, Übungen und Botschaften.

Set mit Anleitung
und 40 Karten
ISBN 978-3-8434-9223-2

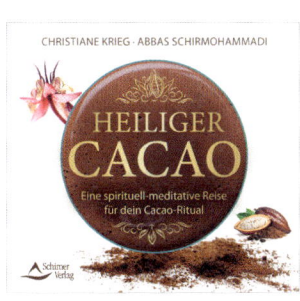

Christiane Krieg · Abbas Schirmohammadi
Heiliger Cacao
Eine spirituell-meditative Reise für dein Cacao-Ritual

Mit den Anleitungen und Meditationen auf dieser CD kannst du dich vollkommen auf die Erfahrung einlassen. Reise zur einladend warmen Stimme von Christiane Krieg und der zauberhaften Musik von Abbas Schirmohammadi in die Welt der heiligen Pflanze.

Audio-CD, ca. 68 Min.
ISBN 978-3-8434-8447-3

144 Seiten
ISBN 978-3-8434-1256-8

Tina Stümpfig
Jin Shin Jyutsu – Heilströmen für Hunde

Jin Shin Jyutsu, auch Heilströmen genannt, ist eine sanfte Methode, mit unseren Händen die Lebensenergie zu harmonisieren, um damit das Immunsystem zu kräftigen und die Selbstheilungskräfte anzuregen – und sie funktioniert auch bei Hunden!

144 Seiten
ISBN 978-3-8434-1284-1

Tina Stümpfig
Jin Shin Jyutsu – Heilströmen für Katzen

Einfache Griffe mit großer Wirkung! Durch das Halten bestimmter Punkte am Körper können wir die Gesundheit unserer Stubentiger stärken, ein Krankheitssymptom lindern oder einen umfassenden Heilungsprozess in Gang setzen.

184 Seiten
ISBN 978-3-8434-1381-7

Tina Stümpfig
Jin Shin Jyutsu – Heilströmen für Pferde

Von Kolik über Ekzeme bis hin zu Lahmheit – die erfahrene Jin-Shin-Jyutsu-Praktikerin Tina Stümpfig zeigt mit einfachen Erklärungen und anhand zahlreicher Abbildungen, wie Sie die Griffe bei Pferden anwenden und sie so wieder in körperliche und seelische Balance bringen.

112 Seiten
ISBN 978-3-8434-5162-8

Susanne Orrù-Benterbusch
Was dir mein Herz noch sagen wollte
Hundebotschaften, die die Seele berühren

Wenn Hunde sprechen könnten, was würden sie uns wohl sagen? Die als Briefe von Hunden an ihre Menschen verfassten Kurzgeschichten lassen uns tief in die Hundeseele blicken und treffen uns mitten ins Herz. Inspirierend, motivierend und mit viel Gefühl!

112 Seiten
ISBN 978-3-8434-1564-4

Susanne Orrù-Benterbusch
Geliebter Hund – ich danke dir!
Berührende Erfahrungen mit unserem treusten Begleiter

Ob als Seelentröster, Bewusstmacher, Mutschenker, Wachstumshelfer oder Motivator: Die berührenden Kurzgeschichten von Susanne Orrù-Benterbusch führen uns vor Augen, auf wie viele unterschiedliche Weisen unsere treusten Gefährten unser Leben bereichern.

112 Seiten
ISBN 978-3-8434-1572-9

Susanne Orrù-Benterbusch
Ich schnurr' mich in dein Herz
Berührende Einblicke in die Katzenseele

Die aus Katzensicht verfassten Kurzgeschichten führen uns vor Augen, wie unsere geheimnisvollen Samtpfoten mit ihrer Weisheit, ihrem Eigensinn, ihrer Anmut und ihrer Liebe unser Leben bereichern. Eine Wertschätzung für das besondere Wesen jeder Katzenseele!

Danke für deine REZENSION
– Gemeinsam sind wir mehr –

Liebe Leserin, lieber Leser,
von Herzen danken wir dir, dass du dieses Buch in den Händen hältst und es bis zum Ende gelesen hast. Das bedeutet uns, dem Schirner Verlag und seinen Autoren, sehr viel. Aus voller Überzeugung und mit Hingabe widmen wir uns seit vielen Jahren Themen, die unser aller Lebensqualität und Bewusstwerdung dienlich sind, und hoffen, einen Beitrag für eine lichtvollere Welt leisten zu können. Wenn dir unsere Arbeit gefällt, möchten wir dich bitten, dir einige Minuten Zeit zu nehmen, um dieses Buch zu rezensieren. Warum? Die meisten Menschen lesen Rezensionen, bevor sie ein Buch kaufen, da sie hierdurch einen Eindruck bekommen, ob und wie der Inhalt des Buches den Leser erreicht hat. Eine kurze Rezension ist dabei ebenso hilfreich wie eine lange, sehr ausführliche. Um es auf den Punkt zu bringen:

Eine Rezension ist heutzutage die beste Werbung für ein Autorenwerk!

Wenn du den Schirner Verlag und seine Autoren neben dem Buchkauf auch anderweitig unterstützen willst, dann bitten wir dich: Schreibe für jedes Werk eine Rezension – vielleicht als persönliche Leseempfehlung für die Buchhandlung in deiner Nähe oder online, z. B. beim Schirner Verlag. Das wäre nicht nur eine Wertschätzung für die Autoren, sondern kann dazu beitragen, dass die Verkaufszahlen steigen und der Schirner Verlag auch in herausfordernden Zeiten Bestand hat.

WIE SCHREIBT MAN EINE REZENSION?

Grundsätzlich sollte eine Rezension aus der eigenen, subjektiven Sicht geschrieben werden, da es sich um eine persönliche Meinung handelt. Du kannst in zwei Sätzen deine Gefühle zu dem Buch äußern oder eine längere Rezension verfassen. Falls du nicht weißt, wie du beginnen sollst, hier ein paar Anregungen:

- War das Buch leicht verständlich geschrieben? Wie hat dir die Sprache gefallen? Wie war die Aufteilung zu den verschiedenen Themen?
- War es unterhaltsam? War es deiner Meinung nach mit Herzblut und Liebe geschrieben? Wie hat es auf dich gewirkt?
- Hat es dein Herz berührt? Konntest du dich wiederfinden?
- War es tief greifend genug? Hast du viel Neues gelernt?
- Hat es gehalten, was der Titel und die Buchbeschreibung versprochen haben? Hat es deine Erwartungen erfüllt?
- Was macht das Buch besonders? Warum sticht es heraus im Vergleich zu anderen Büchern, die ein ähnliches Thema behandeln?
- Würdest du das Buch weiterempfehlen oder verschenken?

Dankeschön